実践 四国歩き通し遍路

筒居譲二

文芸社

目次

遍路マップ

徳島（発心の道場）

池田
淡路島
鳴門
徳島
阿南
日和佐

1　霊山寺　2　極楽寺　3　金泉寺　4　大日寺　5　地蔵寺　6　安楽寺
7　十楽寺　8　熊谷寺　9　法輪寺　10　切幡寺　11　藤井寺　12　焼山寺
13　大日寺　14　常楽寺　15　國分寺　16　観音寺　17　井戸寺　18　恩山寺
19　立江寺　20　鶴林寺　21　太龍寺　22　平等寺　23　薬王寺

高知（修行の道場）

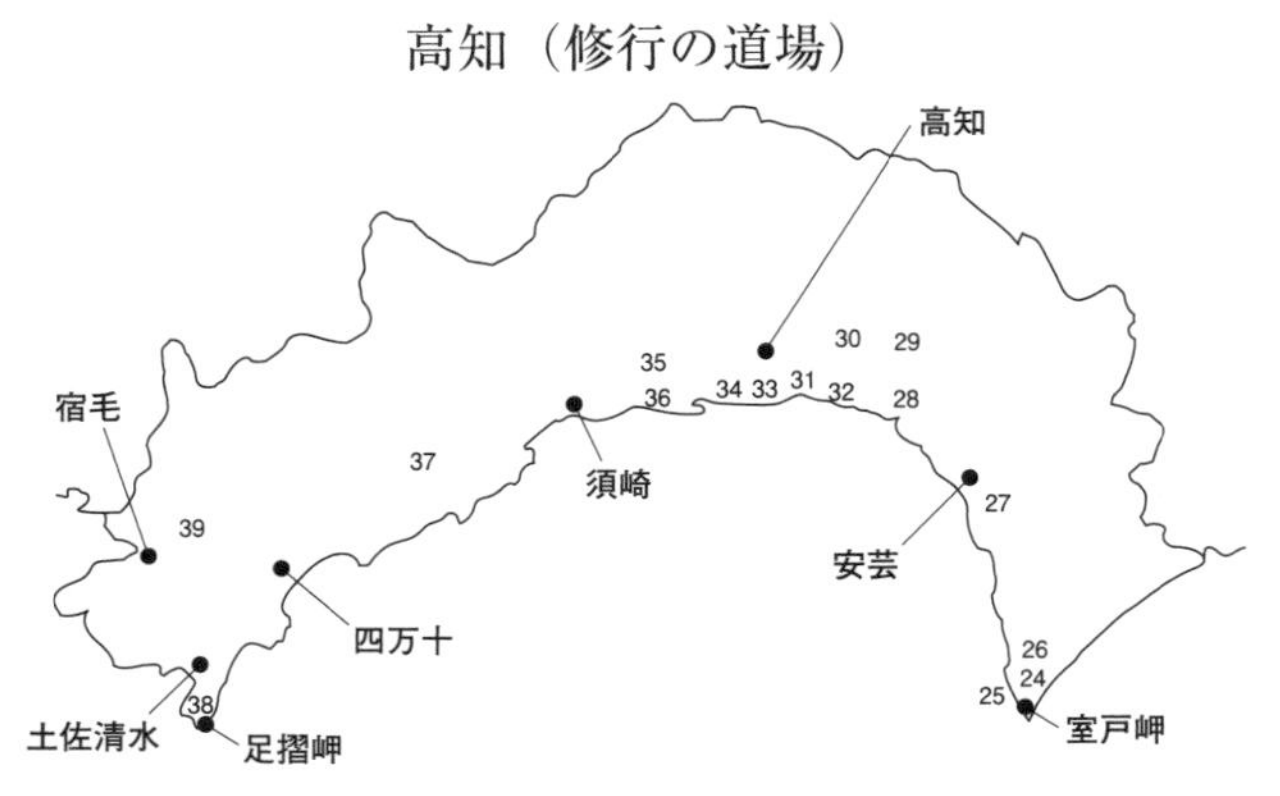

24　最御崎寺　25　津照寺　26　金剛頂寺　27　神峯寺　28　大日寺
29　国分寺　30　善楽寺　31　竹林寺　32　禅師峰寺　33　雪蹊寺　34　種間寺
35　清瀧寺　36　青龍寺　37　岩本寺　38　金剛福寺　39　延光寺

愛媛（菩提の道場）

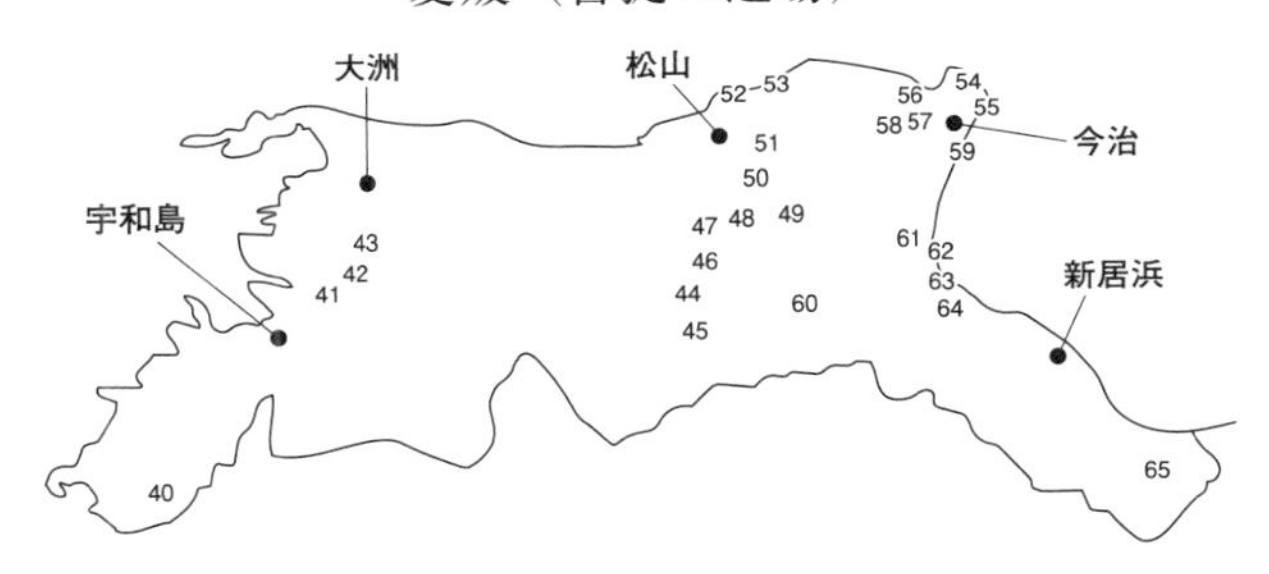

40 観自在寺　41 龍光寺　42 仏木寺　43 明石寺　44 大寶寺　45 岩屋寺
46 浄瑠璃寺　47 八坂寺　48 西林寺　49 浄土寺　50 繁多寺　51 石手寺
52 太山寺　53 円明寺　54 延命寺　55 南光坊　56 泰山寺　57 栄福寺
58 仙遊寺　59 国分寺　60 横峰寺　61 香園寺　62 宝寿寺　63 吉祥寺
64 前神寺　65 三角寺

香川（涅槃の道場）

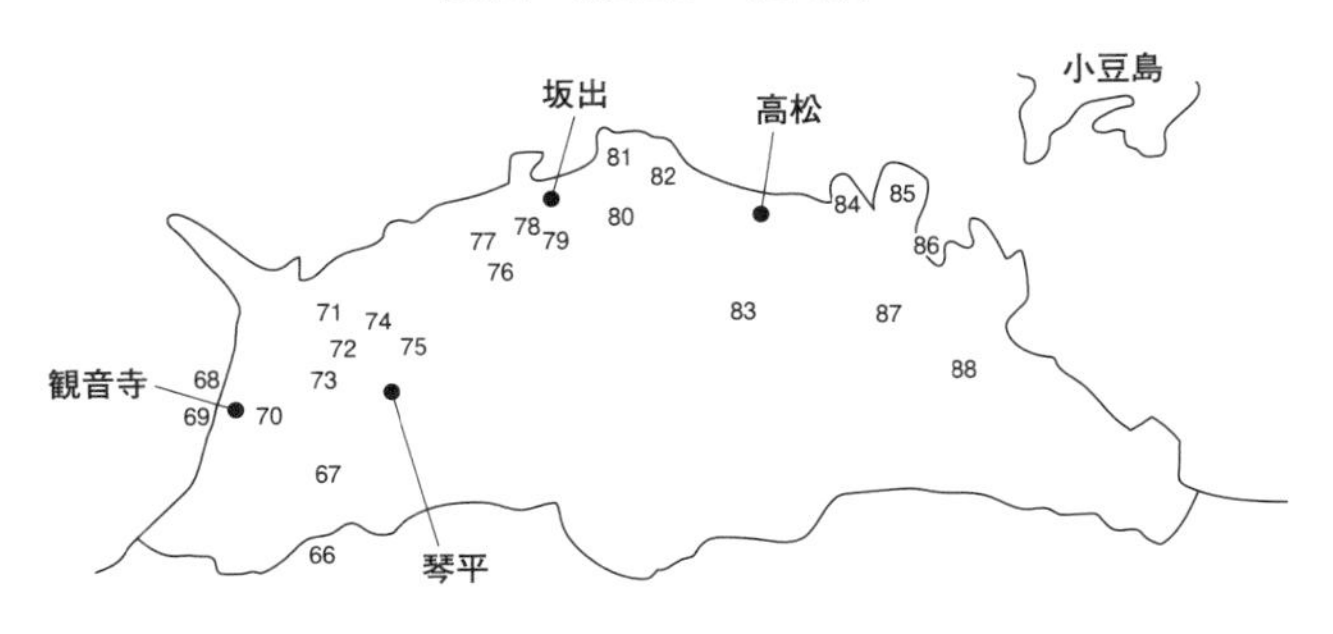

66 雲辺寺　67 大興寺　68 神恵院　69 観音寺　70 本山寺　71 弥谷寺
72 曼荼羅寺　73 出釈迦寺　74 甲山寺　75 善通寺　76 金倉寺
77 道隆寺　78 郷照寺　79 天皇寺　80 国分寺　81 白峯寺　82 根香寺
83 一宮寺　84 屋島寺　85 八栗寺　86 志度寺　87 長尾寺　88 大窪寺

はじめに

私は二〇一三年六月に長女を病気で亡くしました、同年九月には妻にがんが見つかりました。

妻は闘病しながら、私と二人で娘の供養のために車で四回に分けて四国八八カ所霊場を巡りました。まだ四国遍路というものに深い認識があったわけでなく（一応我が家は、真言宗のお寺の檀家ではありますが）、開経偈、般若心経、ご本尊真言、光明真言等を唱えることもなく、ただ「南無大師遍照金剛。明日香（娘の名）をよろしくお願い致します」と、本堂と大師堂で唱えるだけのことでした。

二〇一七年一二月、その妻も逝きました。さすがに、娘に続く妻の死は堪えました。

その後、妻と、あるいは家族で旅行した場所を車やバイクで巡ることが多くなりました。

その中でも、病気を抱えながらも夫婦で回った四国を巡り直すことに、他の場所とは全く別の意義と癒しを感じられるようになりました。

結局、翌年の春と秋にバイク（ホンダＰＣＸ１２５―これくらいの大きさがちょうど良いです）で、二年後には春にバイク、冬に車で巡ることになりました。車の中で、バイクにまたがったヘルメットの中で、妻と会話しながら。

それと、四国の穏やかな自然、出会う人たちの親切、歩き遍路たちとの宿での交流等により、私も「お四国病」に罹りつつあったようです。

そして、徐々に「歩いてこそ」と思うようになりました。車やバイクで一〇〇回巡ろうが、一回の歩き遍路に値しない。そして、歩くのなら春夏秋冬全ての季節を（結果として、夏と冬は歩きませんでした。なぜそうなったのかは、本文を読み進めていただくと、私の考え、気持ちの変化をわかっていただけます）。

さらに、その経験を本にまとめ上げることができたら……、娘と妻の供養にもなるのではないかとも考えるようになりました。

私はさまざまな経験やそれに付随した見聞から、健康でありたいとは思っていますが、長生きしたいとは思わなくなりました。健康診断を受けるのも六〇歳でやめました。

「将来への展望は持ちつつも、来年より今年、来月より今月、明日より今日を大切に生きる」ことをモットーにしています。

今の自分は過去の自分が思い描いた結果に外なりません。これからの自分は、今現在の自分が思い描くものによって決定されます。故に「思い」というのは、いつも「自分にとって好ましいもの」にしておく必要があると考えます。

歩き遍路を決意したのも六〇歳でした。これからいよいよ体力、脚力は衰える。実行するなら急いだ方が良い、と考えたのです。

四国八八カ所を「通し」で巡ろうとすると、やはり一カ月半余りを要します。仕事を持っている現役世代でこれだけの日数を確保することは、かなり厳しいことだと思います。ですので、ゴールデンウイークなど比較的長い休みに有給を付け足して、何年か掛けて「つなぎ」で巡る人が多いようです。

この本は、一応原則「通し」で歩かれる方の少しでも参考になればという意味も込めて書いたものです（しかし結局私自身、秋は膝を痛めて途中リタイアして翌年続きを打ち直しています）。

実際に歩いた一〇〇日余りだけでなく、それへの準備、経験を積んだ結果の変更・修正（特に靴については考え方がどんどん変わりました）していく様子も記述しました。

へんろみち保存協会から出されている『四国遍路ひとり歩き同行二人【解説編】』をまず読まれ、次に『四国遍路ひとり歩き同行二人【地図編】』のページをめくりながらこの本を読み進めていただければ、歩き遍路のイメージがかなり湧いてくるのではと思います。

また、歩くのはどうしても無理という方には、少しは疑似体験してもらえるのではないかとも考えます。

「理想を叶える旅路の中に、人生の本当の喜びがあります」「今がある、今しかない、そんな生き方を続けていけば」「思いが強ければ強いほど成功に近づいていく」、「いいなあと思う瞬間を数多く体験していきたい」。私の好きな言葉です。

無事、結願されることをお祈りしています。

南無大師遍照金剛

二〇二三年二月一五日

筒居譲二

最初の出発まで

私は四月生まれで、六一歳の誕生日を迎える前の月、二〇二〇年三月に「歩き遍路」の実行を決意し、ゴールデンウイーク明けからのスタートを考えていました。

できればもっと早く出たいのですが、自分は花粉症もちでヒノキ花粉の飛散が終わる四月中旬までは出にくいこと、ゴールデンウイークの混雑を避けたかったことがその理由です。

結局はコロナのため納経所が閉鎖されるほどで、当初の日程は断念せざるを得ませんでした。しかし、このことは結果的に良かったと思っています。

一つはゴールデンウイーク明けでは相当気候が暑くなってしまうし後半は梅雨に入ってしまう。初めての遍路としてはかなり厳しいものになったであろうと思う点です。

もう一つは、後述する靴の選択と履き慣らしに十分な時間が取れたことです。

こうして、初めての歩き遍路は秋となったのです。

最も心配であったこと

途中リタイアする理由で最も可能性が高いと考えたのが、足にできるであろうマメ、靴擦れでした。

初めてバイクで巡った時に、「遍路ころがし」として知られる一二番札所「焼山寺」を下りてしばらくの距離にある民宿「名西旅館　花」で一緒になった女性遍路は、結局マメができて痛くて歩けないので断念していました。

また、宿のご主人の話ではそういう方が結構おられて、タクシーで三〇分程の徳島市内に「夢タウン」という大規模モールがあり、その中にモンベルの店舗が入っているので、そこまで靴を買い替えに行く方もおられるとのことでした。

私が歩き遍路の計画にあたり参考にした書籍は、『四国八十八カ所歩き遍路のはじめ方』（松村博一著・JTBパブリッシング）、『四国八十八カ所つなぎ遍路』（家田荘子著・ベスト新書）、『四国遍路ひとり歩き同行二人【解説編】』（へんろみち保存協力会編）の三冊でした。

松村博一氏の場合、相当な無茶（遍路のへの字も知らない状態から、その手の本を斜め読みしておぼろげにイメージし、用品を買い集め、一週間後には一番札所にいたという。しかも季節は真夏）をしたことに基づく本、家田荘子氏の場合はとにかくトップスピードでの遍路であったことから、ご両人ともひどい豆や爪がはがれるくらいの靴擦れの経験などが書かれており、極めて難儀な足の持ち主である自分も、最低でもいくつかのマメを作らざるを得ないと覚悟していました。

「極めて難儀な足」と書きましたが、少し詳しく説明するとこうです。

私は身長は一七七㎝あるのですが、足は小さめで二五・五㎝。幅が広く、3Eまたは4Eの靴を履いており、甲が極端に高いのです。

若い頃、スキー靴の購入では特に難儀しました。三足目まではなかなか自分にフィットする靴を見つけられず、四足目購入の際には今度こそという気持ちでショップに行きました。靴選びから始まり、中に入れるソールをいろいろ入れ替えたり、最後にはショップのオーナーが靴をねじりだし、やっと不満のないレベルまで細工してもらいました。一三時にショップに入り、店を出たのは一九時であったのを覚えています。

それと、足裏が非常に蒸れやすいタイプであること。

もうかなり前からゴアテックスなる素材を使った靴が販売され、それもどんどん進化しているようですが、やはり限界があるようです。足の蒸れは不快であるとともに、まめができ易くなります。雨天時のことも考えましたが、たまにしか遭わない雨で足が濡れることよりも、ほとんどの日の快適性とマメ防止を優先させました。ということから、当初からメッシュ生地の靴を購入することは決めていました。

まず最初に、モンベルに行ってみました。しかし、お目当てのメッシュ生地のゴアテックスでないトレッキングシューズは一種類しかありませんでした。

『四国遍路ひとり歩き同行二人　【解説編】』には、靴の選び方のポイントとして「サイズの目安は、普段履くサイズより一・五～二cm大きめが無難。３Ｅ。靴を買うのは夕方。薄めの靴下に、厚手の靴下を重ねて履いてひもを締め、かかとに指が一本入るかどうか確かめる。つま先に余裕があり中で足の指が動かせること」とあります。

対応してくれた店員に実際にこの本を読んでもらい、いろいろ履き心地を聞かれながら二〇分程店内を歩き回りました。幅は３Ｅなのが気になりましたが（先述のように普段は３Ｅまたは４Ｅを履いている）特に違和感はなく、最後は二六・五cmにするか二七cmにするかで迷いましたが（結局二七㎝にしました）、一種類しかないということもあり、結局それに決めました。

それと、標準装備のソールも予備に一枚併せて購入しました。この予備のソールを持つというのは、松村博一氏の著書からの情報でした。結果的にもともと履かせてあるソールは良いものではないこと、それより自分の足にあったソールを別に購入し、一枚で十分であることが後になってわかりました。

松村氏が四国を巡られたのは二〇〇五年で本の出版は二〇〇九年、やはり情報としては少し古かったと今は思っています。

そして、やはり大失敗だったなと思うことは、店で対応してくれたのがアルバイト店員であまり知識を持っていなかったことです。購入にあたっては、目的、事情を説明の上、それについて専門的知識を持つ店員に対応してもらうべきです。私のような特殊な足の持ち主にはなおさらです。

案の定でした。しばらくは履き続け足に馴染んでくれないかと様子を見ていましたが、一時間も歩くとどうしても右足の小指に違和感が出る。やはり、３Ｅではだめだったのです。

こうして、次にアルペンに行きました。ここで対応してくれたのが、過去につなぎ遍路の経験のある女性店員でした。彼女曰く「遍路道は険しい山道もあるが、九五％以上はアスファルト道路。足への負担を考えるとクッション性の高いランニングシューズがお勧め」ということでした。私も納得し、アシックスの４Ｅサイズのある二種類のシューズを提示してくれ、デザインの気に入った方を購入。さらにスーパーフィートと呼ばれるアメリカ製のソールも、いくつかあるタイプから自分にフィットするものを選び併せて購入。そのクッション性は今までに経験したことがないものでした。これが五月の末でした。その後は秋の本番に向けて、基本的に一日一時間のウォーキング。二〇二〇年の八月は驚異的な暑さで、この月は中断。九月から再開し、いよいよ四国行きが迫ってきたので、朝夕二度歩くようになりました。

そして出発二週間前、荷物の準備もできたので、二五リットルのリュックに六kg分、七リットルのウエストバッグに二kg分の荷物を入れて歩いてみました。すると、またまた右足の小指に違和感が。八kgの荷物を持つということが、これほど負担になるとは考えていませんでした。

すぐに再度アルペンに出向き、先の女性店員に相談。結局、ソールを変更することで問題解消。足回りには相当お金を使ってしまいましたが、なんとか不安なく四国へ向かうことができました（しかし、後述するように思わぬ落とし穴がありました）。

ちなみに靴の中は、ナイロン製の五本指靴下と同じくナイロン製の薄手の登山用靴下の重ね履きです。

少し心配したこと

それは「道迷い」です。

私は初級レベルではありますが山登りの経験があります。「山の中で道を誤ったら怖い」という感覚は当然あります。しかし、いざ行ってみると例えば先述の焼山寺への道では、これでもかというほど道しるべが設置されています。迷いようがないほどです。

唯一迷う可能性があったのは、二一番太龍寺から二二番平等寺へ下りる道でした。歩き遍路の多くが頼りにするのが『四国遍路ひとり歩き同行二人【地図編】』ですが、私が持っていたのは以前バイクで巡った時に買っておいた二〇一六年度版で、少し古いものでした。

二一番から二二番へのルートは二通りあるのですが、前日に泊まった民宿のご主人にどちらのルートを取るべきか尋ねたところ、その中間に新しい遍路道が整備されているとのことでした。二〇一九年度版にはそのルートが書き込まれてありました。

何も聞かずに向かっていたら、この日は山を二つ越す厳しいルートであっただけに、地図にない道が現れて戸惑ったかもしれません。

なお、『四国遍路ひとり歩き同行二人　【地図編】』も一〇〇％は信用できません。実際歩いてみて、「これは違う」と思った箇所が何カ所かありました。

また、最近は外国人遍路向けに作られた『Ｓｈｉｋｏｋｕ Ｊａｐａｎ 88 Ｒｏｕｔｅ Ｇｕｉｄｅ』を持ち歩く遍路が増えています。この地図は一般的な地図同様上が北で、宿の電話番号も地図上に書かれてあったりと、こちらの方が使いやすいという遍路が多かったです。

私も途中で見つけて購入しましたが、「地図編」に目が慣れていたので、結局使用しませんでした。私は学生の頃に自転車で、就職してからはバイクや車で単独ツーリングや家族旅行をしてきたので、地図を読むことは苦痛ではなく、山以外でもほとんど道に迷うことはなく、時に地元の人にも尋ねながら、何百ｍも引き返すということはありませんでした。

また、過去五回車、バイクで巡っているという経験も大きかったです。

山登りの経験があるというのは、ペース配分などで生かされました。北アルプスの立山が大好きで何度も通っているのですが、がれ場が多く足元が不安定なのに比べ遍路の山道は極めて歩きやすかったです。

また、家田荘子氏の『四国八十八カ所つなぎ遍路』で同氏が通っているコース、あるいは推薦しているコース、逆に避けるべきとしているコースを事前に地図にチェックしておきました。私の場合、なにがなんでも遍路道という強いこだわりはなかったので、そういう意味で大いに参考にさせてもらいました。

それと女性目線で書かれてあるので、女性遍路には参考になる本だと思います。

宿探しについては不安はなかった

先にも述べましたが、私は高校時代から自転車旅行を趣味として始め、就職してからは自動二輪の免許を取り、結婚して家族が増えても一人でツーリングに行ったり、家族旅行に行ったりしていたので、宿の取り方についての不安はなかったです。

遍路における宿の取り方ですが、その日の宿に着くとネットで翌日以降の天気を確認します。天気に問題がなければ、移動距離（平坦路であれば三〇㎞前後）に合わせて過去に泊まった宿で感じが良かった宿、ガイドブックなどでチェックしている宿、そういう宿がない場合は「地図編」の巻末に紹介されている宿の中から、やはりネットでチェックした上で予約の電話を入れるといった具合です。場所によりますが、土曜日については三日前には予約を入れることが多かったです。

初めての秋の遍路は「ＧｏＴｏトラベル」が実施されている時で、それが使える観光地や温泉地では贅沢をしました。この時ばかりは、宿泊可能かの確認の次に尋ねることは「ＧｏＴｏトラベル」に加盟しているか否かでした。やはり、三五％の割引と一五％分のクーポンが出る出ないかは大きかったです。

しかし、田舎のお年寄り夫婦でやり繰りしている民宿はほとんど該当しませんでした。この手続きは宿側にとって複雑で、パソコンが「普通にできる」程度ではだめで、「相当できる」レベルでないと対応できないと聞きました。

ある民宿のご主人が「早くこのキャンペーン、終わってほしい」と嘆かれていました。

秋の遍路の八日目から数日間、抜きつ抜かれつした北海道からの男性遍路Hさんがいました。彼が一カ月半に及ぶ行程の全ての宿を事前に予約しているのには驚かされました。彼曰く、「一日歩き続けて宿に入り、そこから次の宿を探して予約する余裕があるだろうかという不安」からそうしたらしいのですが、これはかなり無理があると思いました。

一定休養日、予備日は入れてあるとはいえ、天気や体調面、その他どんなハプニングが起こるかわからないわけで、「それは無謀でしょう」と言うと「皆さんにそう言われます」と苦笑していました。Hさんの場合、実際に「通し」で歩き遍路をした人のブログをかなり参考にしたということです。

彼とは四五番岩屋寺の近くの「八丁坂」という宿で再会するのですが、「どうですか？予定通りですか？」と尋ねると、「とにかく、その日の宿に到着することに必死です」という返事でした。おそらく、あまり旅慣れしていないんだろうなと思いました。

しかし、自分の話に戻りますが、初めての秋の遍路ではコロナの影響で休廃業する宿が出始め、行程面で無理をせざるを得ず、それによって膝を痛めたことが、リタイアする要因ともなったのです。

私の遍路姿

上衣は吸水速乾性のシャツにモンベルの長袖ラガーシャツ（ポリエステル一〇〇％）、その上から白衣、下はやはり吸水速乾性のパンツにナイロン製のモンベルの登山用ズボンというういでたちで、輪袈裟（法衣である袈裟の略式）をかけ、菅笠をかぶり、金剛杖（間違って持っていかれないように赤色のシールを巻き、名前、住所、携帯の電話番号を書いておきました）を持ちました。

歩き遍路たちの服装も様々で、仏教的なものは一切持たず、身にも着けないという人もいます。

歩き易さという意味からいえば、白衣は着ず、金剛杖の代わりに両手にストックを持つというのがベストかもしれません。人それぞれで、自分の考え、好みで良いと思います。

持ち物について

持ち歩く荷物の重量ですが、『四国遍路ひとり歩き同行二人　【解説編】』にはこうあります。

「背荷物の重量は、男性五kg、女性四kgくらいが限度である。男性四kg、女性三kg程度が理想的である。この他に肩から下げるさんや袋も、納経帳、礼拝用品で二kg近くになることが多い」

とあります。さんや袋というのは頭陀袋とも呼ばれるもので、松村氏は使いにくいと書かれていたので、私はウエストバッグにしました。これで正解であったと思います。

重量はリュックが「最大」六kg、ウエストバッグは二kgでした。「最大」の意味は次にお話しします。

さて、具体的な持ち物は以下の通りです。

【リュック】
・衣類（パンツ、シャツ、靴下（五本指と、普通のタイプ）二セットずつ、ラガーシャツ二枚、パジャマ、ジャージ、薄手のフリース）
・雨具
・タオル二枚
・ザックカバー（リュック、ウエストバッグ共）
・衛生用品（歯ブラシ、歯磨き、シェーバー、バンドエイド、ロキソニンチューブ、マスク、ハサミ）
・ストックバッグ三枚
・携帯充電器
・予備メガネ
・水筒
・五〇〇ccのペットボトル二本

＊毎日洗濯するので、下着類は一セットしか持たないという遍路が多かったです。着ている服以外一切持たないという遍路もいました。

しかし、ごくまれですがコインランドリーがない宿もありました。また、疲れてコインランドリーを回そうという気力がわかない日もあり、私は二セットにしました。

＊パジャマを持たない遍路は結構いました。どんな安い民宿でも歯磨き、歯ブラシは置いてなくても浴衣がないという宿はありませんでした。しかし、私の場合浴衣はどうしてもはだけるので好まず、パジャマ持参としました。ラガーシャツ、ジャージ、フリースは部屋着となります。

＊雨具はモンベルのゴアテックス素材のそこそこ良いものを持参しましたが、やはり暑く、冬以外はポンチョが適していると思います。

＊衛生用品などは、百均で買った透明でチャック付きの小物入れにまとめておきました。

＊ストックバッグは絶対に濡らしてはいけないもの（財布、携帯、納経帳、納札、地図等）を入れるためのものです。

＊先述の「最大」の意味ですが、それが水筒とペットボトルです。普通は水筒など持たず、水分は自動販売機が大概の所にはあるので、そこで購入して持つ、飲み干せば捨てると

いうのが常識です。実は私はウイスキーのハイボールが大好きで、夕食後部屋で飲むのが大いなる楽しみなのです。そのための水筒（氷を入れてもらう）とペットボトルなわけで、ペットボトルの一本にはウイスキーが、一本には炭酸水が入っています。炭酸は二日で一本無くなります。無くなった日はその分のペットボトルはありません。宿に入る直前のコンビニで買います。ウイスキーも五日くらいでなくなるので、なくなっている日にはこれまたコンビニで七〇〇cc入りの瓶を買って入宿します。ということで、最大ウイスキーが満タンのペットボトルと、炭酸が半分入っているペットボトルを持つことになります。宿を出発の際、水筒にも冷たいお茶か水を半分ほど入れます。こういう日の場合、それだけで一kgの重さになってしまうわけです。

妻が納経用セット入れとしていた百均のケース（これは使い易い）

（ウエストバッグ）
・納経帳
・数珠
・ろうそく、線香、ライター
・納札
・地図
・財布（運転免許証、健康保険証、クレジットカード、郵便局のキャッシュカード）
・スマートフォン
・手帳、ペン

＊納札には事前に、願意、住所、自分の名前は書いておき、日付だけを書けばいいようにしておきました。
＊本来ならば、経本を持たなくてはいけない（暗記していても、経本を見ながら般若心経などを唱えるのが原則）のですが、ウエストバッグ内がごちゃごちゃするので私は持ちませんでした。

＊ウエストバッグにはとにかく大事なものが全て入っているので、必ず身に着けるか、手に持つか、足元に置くなどしました。
そして、宿、お寺、店などを出るときには、財布、スマホ、納経帳が入っていることを必ず確認する癖をつけました。
＊遍路旅で最も大きな出費は宿泊代です。クレジットカードが使える旅館、ホテルではそれで支払いをします。しかし、田舎の民宿では現金払いが多くなるので一定の現金は持ち歩かなくてはいけません。そのために持参したのが郵便局のキャッシュカードです。郵便局はどんな所にもあるので、一定額以下に少なくなってくると補充しました。

私の参拝方法

・山門前で一礼
・水屋にて手と口を清める
・鐘をつく（賽銭箱がある場合はお賽銭をあげた）
・本堂にて
　ろうそく一本と線香三本を灯す
　納札を納める
　お賽銭をあげる
　鐘を鳴らす
　読経
　　一、開経偈　一返

二、般若心経　一巻
三、御本尊真言　三返
四、光明真言　三返
五、御宝号（南無大師遍照金剛）　三返
六、回向文　一返
七、「眞理子（妻の名）、明日香をよろしくお願い致します」

・大師堂にて
　御本尊真言を唱えること以外を繰り返す
・納経所で墨書授印してもらう
・山門前で一礼

＊私はお賽銭は五円と決めていました。（ご縁がありますように）
六番安楽寺、九番法輪寺、二一番太龍寺、二二番平等寺、三八番金剛福寺、四二番仏木寺、四七番八坂寺、四九番浄土寺、六九番観音寺では両替してもらえます。

秋の四国遍路（二〇二〇年一〇月一七日〜一一月二八日）

本来ならもう少し早めに出発したかったのですが、親族の法事があったため、この日の出発となりました。法事が行われた大阪市内のお寺から、次女に車で一番霊山寺近くの民宿まで送ってもらいました。

出発前の心持ちは「一応、考えられる準備はしてきた。とにかくチャレンジしてみる。だめならだめで途中リタイアもあり」、ワクワク感（期待感）八割、ドキドキ感（不安感）二割という感じでした。

今回のチャレンジにあたり、気持ちの面で背中を押してくれたテレビ番組があります。

一つは、『激走！　日本アルプス大縦断』という番組で、二〇一二年と二〇一八年大会を録画してありました。「トランス・ジャパンアルプス・レース」と銘打ち、二年に一回開催されている日本一過酷な山岳レースと呼ばれるもので、富山県魚津市の海岸から北・

中央・南アルプスを越え、静岡県の大浜海岸までの四一五㎞を八日以内で踏破するというレースです。

フルマラソン一〇回分、登る高さは富士登山七回分というすさまじい内容。

「結局、だいたいが失敗する。これをやりたいと思ってやってみても失敗して、残念だったとがっかりするけど、チャレンジしたって事実は残るので、その積み重ねがすごく大事だと思う」とは二〇一八年大会で三位の選手の言葉です。

もう一つは、これもＮＨＫ制作の番組で『グレートトラバース　日本百名山一筆書きの旅』という番組です。この番組はかなり有名で、この本を読んで頂いているなら、観たことがある方も多いのではないでしょうか。私は両番組とも何十回と見返しました。

また、イチロー氏が「本当の楽しさというのは、努力して達成する楽しさ、達成できていないことに挑戦しよう、自分を極めようという楽しさである」と述べています。

さて、夕方に四国に入りました。必要なものはほとんど事前に揃えていました（白衣は高野山で、金剛杖は昨年車で巡った時に善通寺で購入済み）が、菅笠だけはまだでしたので、高速道路を降りて一番札所に向かう手前の二番極楽寺で車を止めてみたのですが、コロナの影響で売店は閉まっていました。結局一番霊山寺前の売店で購入して、入宿しました。

出発

一〇月一八日、いよいよスタートします。宿から昼食用のおにぎりのお接待を受けました。おにぎりを持たせてくれる民宿は結構あります。

一番霊山寺では、たどたどしく般若心経を唱えられている遍路の後ろに立ちながら、一昨年春の自分を思い出していました。

聞くところによると、近年は遍路巡りをする人が減ってきているとのこと。

バス利用の団体遍路はもちろん、歩き遍路はそれ以上に減ってきているようです。この時は少し落ち着いてきていたとはいえ、コロナ禍での遍路となったのでなおさらです。

昨年までとは違い、圧倒的な少なさです。そのおかげで、納経所で順番を長々と待つということはありませんでした。

日本人の歩き遍路に代わって急増してきたのが外国人遍路。特にヨーロッパ系の人たち。

去年までは本当にたくさんの外国人遍路を見かけたものです。そのほとんどは単独で、しかも女性が多い。治安の良い日本だからこそと言えますが、それにしても言葉も通じない、しかも東京でも大阪でもない四国の片田舎を黙々と歩いている彼女たちには恐れ入りました。

今回は、そういうインバウンドにいたっては皆無でした。

三番、四番と進むうちに逆打ちの遍路、無事結願できたとお礼参りのため一番を目指す遍路とすれ違います。遍路には一番から八八番へと歩を進める「順打ち」と、八八番から一番を目指す「逆打ち」があります。

標識などは順打ちにのっとって示されており、その逆を進まなくてはならず、当然道を誤る可能性が高くなり苦労することになります。ということから、逆打ちで巡ると順打ちの倍の「ご利益」があるとされています。

さらに今年は四年に一度の閏年です。この年に回ることにも倍のご利益があるそうです。ということで二〇二〇年の逆打ちは四倍のご利益があることになります。「逆打ちですか」と尋ねて「そうです」と返事をした彼らの表情が晴れやかに見えたのは、結願間近というだけではなかったように感じました。

しかし、二年前の春に巡った時に出会った人で、今年の逆打ちを早くも予定している遍路がいたのですが、「スマホを二台用意する」と語っていました。グーグルマップなのか逆打ち用のアプリのことなのか知りませんが、「それでは意味がないでしょう」と思いながら聞いていました。

今日と明日は、明後日の一二番焼山寺に向けてのウォーミングアップです。

しかし、初日ということもあってか、まだ身体も足も慣れていないようで、若干右足の小指に痛みを感じたり、荷物の重みで腰にも少し違和感を覚えたりしました。

また、早速メガネの柄を折ってしまったり（予備メガネは持っていました）、乾燥機にかけたズボンのバックルの糸が切れてしまったり（ズボンの紐をくくって締めざるを得なくなる。後日、先述の「夢タウン」のモンベルで新しいズボンを購入）と、初日からアクシデントが連発。この先どうなることやらと心配になりました。

初日の宿は六番安楽寺宿坊。温泉であり、部屋も普通の旅館並み。夕食後に本堂でいろいろな体験やらお話を聞かせてもらえます。非日常的な経験ができるので、たまに宿坊に泊まるのも一興です。

一〇月一九日、一〇番切幡寺までコンビニなどは一切なく（七番十楽寺の前に食堂があったが休業中）、切幡寺で缶コーヒーを二本飲んで昼食代わりにしました。歩き遍路ではこういうことはよくあります。非常食としてカロリーメイトを二つ持っていましたが、やはりおいしくない。お腹が空いていても食べようという気になれず、捨ててしまいました。

この日は途中、三差路で立ち止まっていたり地図に目を通していたりしたら、地元の人によく声をかけられました。これが歩き遍路の特権です。

旅館「さくら」泊。前日の安楽寺宿坊もそうですが、この宿も三度目です。

若旦那が「ＧｏＴｏトラベル」にどう対応しようかまだ思案中でした。この段階では、三五％の割引はもちろんするが、一五％分のクーポンは他のお店で使用してくださいということでした。安い民宿であれば一〇〇〇円分、そこそこの旅館・ホテルであれば二〇〇〇円分付いてくるのですが、このやり方は有難くなかったです。クーポンは宿泊日と翌日しか使えず、土産物など買わない歩き遍路にとっては結局コンビニおにぎりと飲み物くらいしか使い道がなく、もちろんそれだけで一〇〇〇円もいかないので（お釣りは出ない）、私の場合残金は栄養ドリンクに化けていました。

しかし、「ＧｏＴｏ」可能な宿の三分の二は夕食時のビール代として使えました。

「遍路ころがし」一二番焼山寺へ

いつものように、女将さん直筆の心のこもった手紙が添えられているおにぎりと飲み物を戴き、六時一五分、旅館「さくら」を出発しました。宿の立地によりますが、この日のように焼山寺という難所を越え、次の宿泊地まで相当時間がかかる場合など、出発時刻については融通してもらえます。この日は五時三〇分に朝食を準備して頂きました。

一時間ほどで一一番藤井寺着。藤井寺本堂脇からいよいよ焼山寺への道が始まります。先述のように、これでもかというほど道しるべが木々にぶら下げられており、道に迷う心配もなく登山道も整備されており、快調に一三時三〇分焼山寺着。

この日はまったく歩き遍路に出会うことがなく、遍路道は私の独占でした。下山して神山温泉に向かって歩いていると横に車が止まり、初老の女性が車窓を開けて「どこまで行くの?」。「神山温泉までです」と私。「それなら前を通るから送ってあげる」とのことでしたが、乗ってしまうと「歩き遍路」はその部分が途切れてしまうので、丁重にお断りします。

一七時一五分、神山温泉「四季の里」に入宿。一一時間の山越えは、さすがに疲れました。しかし、心配していた足裏へのダメージは思ったよりもかなりましで、これから遍路を続けていく目途がついたと思えました。

「四季の里」は素晴らしい宿で、温泉もよく夕食も上質で食べきれない程でした。この宿は一五％のクーポンは夕食の際のビール代に使えました。

初めての連泊

私は今回の遍路旅で四度連泊しています。その内二回は翌日が雨のため（休養も兼ねています）、一回は六〇番横峰寺往復のため、一回は最後の日、膝を痛めて様子を見るためでした。

二一日、洗濯をしてその間温泉にもつかり、ゆっくりと神山温泉を出発。一五時前には一三番大日寺横の「名西旅館　花」に到着。この宿も三度目です。ここで、宿のご主人にズボンのバックルのことを話すと、「ここから車で三〇分ほどの距離に夢タウンがある。そこにモンベルの店舗が入っている。車貸してあげるから買ってきたら」とのこと。有難くご厚意に甘え、新しくズボンを購入することができ、懸案を解決できました。この宿のご主人には毎回いろいろと教えてもらい、お世話になっています。

ご主人曰く、「焼山寺を越え神山温泉あたりに泊まって、うちの宿の横を通って前へ進む遍路が多いが、結局、二〇番鶴林寺、二一番太龍寺、二二番平等寺の二つの山越えで、それまでの疲れと合わせて足を痛めリタイアというパターンが結構多い」とのこと。

私もこの日は、出発もゆっくりだったし、まだまだ前へ進めたなと思いながらの入宿でした。

翌日からは雨の予報。雨の降り方を見ながら判断しようと考え、その旨ご主人に伝え、布団に入りました。

翌日、朝から外は雨。それほど強い雨ではないのですが、予報では断続的に一日中降るとのことで、先述のご主人の言葉もあり、休養も兼ねて連泊としました。

この宿では、昨年の春バイクで巡った時に面白い経験をしています。

その日は、宿泊客は私と歩き遍路三人でした。その三人の取り合わせが面白かったのです。一人は六〇代の日本人男性、一人は二〇代後半くらいのドイツ人女性、一人は四〇代くらいのフランス人女性。先述のように、昨年まではヨーロッパ系の外国人遍路が多かったわけですが、そういう人たちと同宿になることが間々ありました。

　三人は一緒に入宿しているのですが、もともとはみな単独です。まず、ドイツ人女性とフランス人女性が出会って共に歩き始め、そしてこの日、日本人男性と出会い一緒に宿に入ったとのこと。

　ご主人が言うには、結構多いパターンとして外国人遍路は日本人の遍路を捕まえようとするらしいです。別に変な意味でなく、声をかけて感じが良いと判断したら、その日本人遍路が泊まろうとする宿に便乗しようとするそうです。なかなか言葉が通じにくい外国人にとって、手っ取り早い方法です。

　夕食時、片言の英語で会話が始まりました。ドイツ人の女性は以前日本で働いた経験があり、なんとか日本語が理解できます。彼女はドイツ語はもちろんですが英語もできます。たとえば私がフランス人女性にこれこれのことが聞きたいとドイツ人女性に話します。すると彼女は私の日本語を頭の中でドイツ語に翻訳して英語でフランス人女性に聞いてくれ、それをまたドイツ語に翻訳し日本語で私に伝えてくれるという按配です。

　後から考えて、通訳の通訳でドイツ人女性はゆっくりと食事を楽しむどころではなかっただろうなと少し反省しました。

それと、これは又聞きですが、フランス人はプライドが高い。英語が喋れても、極力フランス語で話そうとする。どうしようもなければ英語も話すということらしいです。

宿の方でも、言葉の問題で対応に困ることが多いそうです。私が足摺岬で定宿にしている民宿の女将さんは、インバウンドの遍路から予約の電話があっても、申し訳ないとは思いつつ断っているとのことでした。


一〇月二三日、天気は回復に向かうとの予報でしたので、小降りになるのを待って九時に「名西旅館　花」出発。昼食は一七番井戸寺近くのセルフうどんの店で済ませました。歩き遍路の場合、昼食時間帯に食事ができる店があるとは限らない（というか、その可能性が低い）ため、お店があればできるだけ入るようにしました。なければコンビニおにぎり、それもなければ昼食抜きとなります。

一四時三〇分、この日も早々と「名西旅館　花」ご主人推薦の徳島駅近くのホテル「昴宿よしの」到着。この宿では「ＧｏＴｏ」はもちろん、徳島県だけの観光キャンペーンとして五〇〇〇円分のクーポン券をいただき、駅地下の土産物店で次女の義父母にお酒を買って送りました。大きく立派な旅館なのですが、この日の宿泊は私一人。大浴場は独り占め、料理も抜群でした。

一〇月二四日、七時三〇分、「昴宿よしの」出発。この日もうまい具合に一九番立江寺近くに手ごろな食堂があり、昼食が取れました。

出発七日目にして、初めて同方向へ向かう歩き遍路と一〇分ほど話しながら伴走（歩）。二〇代の若者で私の倍ほどの荷物を持ち（彼はテント泊）、それでも一〇分後「それではお先に」と先行していきました。歩き遍路には各々のペースがあり、よほど歩くペースが同じでない限り、ずーっと共に歩くということは多くありません。

この日も軽トラのおじいさんから「良かったらいい所まで送るよ」と声をかけられました。

一五時、二〇番鶴林寺の登山口にある民宿「金子や」に到着。

この宿で、つなぎ遍路のご夫婦と一緒になりました。

このお二人とは、翌日抜きつ抜かれつということになります。

ついに出た！　ふくらはぎの違和感

一〇月二五日、七時二〇分、同宿のご夫婦と共に宿を出発。

もう一人歩き遍路がいたのですが、この日は一二番焼山寺に次ぐ難関二〇番鶴林寺、二一番太龍寺、そして二二番平等寺に至るふた山越える厳しいコースということで、その方は朝食を取らないで出発していきました。この宿ではおにぎりのお接待はなかったので、近くのコンビニで購入して出発。私の場合、リュックの中はおにぎり三つ入れるくらいの余裕しかありませんでした。持ち物については先述しましたが、私のリュックは二五リットルのもので、「通し」で回っている遍路は私のものより、一まわりか二まわり大きなものを背負われていました。愛媛県大洲の宿で、歩き遍路に詳しい若旦那が私の荷物を見て「つなぎですか？」と聞くので「通しです」と答えると、「随分荷物がコンパクトですね」と言われたことがあります。

ご夫婦とは時に一緒に歩いたり、どちらかが休憩のため離れたり、また追いついたり追いつかれたりということを一日繰り返しました。

まずは順調に二〇番鶴林寺到着。こちらの納経所の方の対応は見本ともいえるものです。「よくお参り下さいました」と言いながら納経帳を頭を下げて丁重に受け取り、納経料はおしいただくという感じ。納経所を出る際には優しく「お気をつけて」と声をかけてくださいます。後述する二寺の人に見せてやりたい対応振りです。

ご夫婦と一緒に歩いている時にはいろいろな話をしました。年齢は六〇代後半くらいと拝察しましたが、ご主人の定年を機にお二人で山登りを本格的に始め、まずは日本一〇〇名山踏破、そして続いて二〇〇名山挑戦中に大変な体験をされたそうです。つまり「道迷い」です。

もうあと一時間もすれば宿に到着と思っていたら、どんどん山奥に進んでいってしまったそうです。晩秋の頃だったらしいのですが、ビバークするなど露とも考えておらず、装備は軽め。「死」を意識したそうです。しかし、ご主人が地図をしっかり読めたので磁石を頼りになんとか別の登山道を見つけ、窮地を脱したそうです。三分の二ほど終了していたそうですが、二〇〇名山はその山でやめたそうです。「山を侮ってはいけない」と繰り返し仰っていました。そして、その後に始めたのがこのつなぎ遍路だそうです。

これも先述した、私の持っていた古めの地図には出ていない遍路道への分岐に出たときにお二人と一緒だったのですが、「きっちり表示は出てあるけど、地図にない道が出てきたらやはり迷うよね」とはご主人の言でした。

下りとなり、奥さんの方が膝に負担がくるためスピードが上がらず、逆に私は結構調子が良くペースを上げ気味で進んだのですが、平等寺が近づいてきた頃から両足のふくらはぎに違和感が出てきました。ほどなく平坦路となりお寺に着いたのですが、初めて感じた足の異変でした。一六時、民宿「山茶花」到着。ご夫婦以外にも途中で顔を合わせた遍路たちもだいたいここを宿としていました。その一人が、全ての宿を事前に予約していたHさんです。

宿では、五〇人以上の宴会ができるであろう大広間に案内されました。私一人です。こんな部屋に泊まるのも初めて。

泊まり客のほとんどが歩き遍路でした。そういうことで夕食は大いに盛り上がりました。その中に、おそらく定年直後くらいの方がおられました。その方は四国に足を踏み入れること自体初めて。にもかかわらず、歩き遍路をしかも逆打ちで、さらに別格霊場二〇カ所も併せて巡るという、これまたかなり思い切ったことをされていました。道に迷ったことは数知れず、もう二カ月以上になるが、最初の一カ月は食事もなかなか思うように取れなかったとのこと。歩きでの通し遍路を実行するには、人それぞれ様々な小さならざる理由があります。

その理由をお互い聞き合うこともしません。私の場合、この遍路の最終盤に一週間ほど行動を共にした（もちろんずっと一緒というわけではありません）男性遍路に話をしただけです。

一〇月二六日、七時四〇分「山茶花」出発。しかし、前日感じたふくらはぎの違和感を持ったままのスタートになりました。この日は半分休養日を兼ねていて宿までの距離も短かったため、一四時に早々と二三番札所近くのホテル「白い灯台」到着。

しかし、宿に着く三〇分くらい前からふくらはぎの違和感が軽い痛みになり始め、明日は平坦路とはいえ、当初考えていた宿が取れなかったことから移動距離は四〇㎞あまりあり、若干不安をもって布団に入りました。

「白い灯台」は海岸から切り立った断崖上にある宿で、太平洋とウミガメの産卵で有名な日和佐海岸を見下ろせる立地でロケーションが抜群です。

一〇月二七日、七時「白い灯台」出発。二三番薬王寺は本堂まで百段ほどの階段があるのですが、その上り下りでやはりふくらはぎに違和感が。「もしかしたらふくらはぎを痛めてリタイアになるかも」という不安が頭をよぎりました。ふくらはぎの状況によっては、もしもに備えて宿の変更も頭に入れ、薬王寺を出発。しかし、その後は軽い上り下りはあるものの、ほぼ平坦路であったことからそれ以上は悪化することはなかったので、良かったです。

尾籠な話で恐縮ですが、トイレの件です。私は普段の自宅での生活でも、起床してすぐ、あるいは朝食を済ませたら「もよおしてくる」ということはあまりなく、しばらく経ってからようやくその気配になってくるのが習慣でした。

今回の旅においても、できるだけ宿で済まして出発したいとは考えてトイレには座ってみるのですが、やはり出てくれない。仕方がないので地図でお寺、コンビニ、道の駅、公衆トイレなどをチェックしてからの出発となります。前日まではなんとかそれでいけてたのですが、ついにこの日、山の中の国道で如何ともしがたい状況となりました。

なんとか身を隠せる適当な場所はないものかと歩くこと数刻。お大師様が「仕方がない。ここで済ましていきなさい」と仰ってくださった場所を発見、すっきりさせることができました。

この日を初めてとして、何回かこういう経験をすることになります。これぱっかりは生理現象なので致し方ないです。

昼過ぎ、調子よく歩いていると後ろから「お遍路さ～ん」という声。振り返ると女性が小走りにやって来られて「歩くの早いね。はい、ほんのお接待」と言って紙コップを差し出されました。道路の向こう側にある喫茶店の方で、私の姿を見て追いかけてこられたようです。中には冷たい柚子ジュースが。お礼に納札を渡すと、「色付きの納札をもらうのは初めて」と言われました。

私は歩き遍路は初めてですが、遍路自体は六回目になるので、緑色の納札なのです。

この時は、この日の中でも快調な時間帯で時速六㎞くらいのペースだったと思います。

その後、四国別格二〇霊場の四番鯖大師本坊の前を通過。余裕があれば立ち寄ってもよかったのですが、とにかく先を急いでいたので通り過ぎました。

こうして一七時、「ホテルリビエラししくい」に到着。最後の一時間はしんどかったです。チェックインして部屋に入ると、畳に倒れ込みしばらく動こうという気にもなれませんでした。普段ならちょっと休憩してコインランドリーを回しに行くのですが、この日は

室戸岬へと延々と続く国道55号線

まったくその気力なし（結果的にこのホテルにはコインランドリーはなかった）。
ここは宍喰温泉。ジャグジーの寝湯が最高に心地よかったです。自分の人生において最も長い距離を歩いた日となりました。

一〇月二八日、八時三〇分ホテルを出発。この日もひたすら国道五五号線を室戸岬方面へ。
この日は宿まで店らしい店がないため、ホテル前のコンビニで昼食のおにぎり、そしていつもなら宿に入る直前のコンビニで買う炭酸もここで仕入れたので、普段より少し重めのリュックを背負ってのスタートとなりました。

ふくらはぎは平坦路では全然問題ないのですが、上り下りではやはり若干の違和感が残っていました。途中、前方に歩き遍路を発見。追いついてみると、Hさんでした。しばらく話をしながら伴走。私が休憩したくなったので先に行ってもらいます。しばらくして逆打ちの遍路がやってきて、彼ともしばらく話しました。テントは持っておらず、基本的に野宿。三日野宿して、四日目に宿に泊まるというパターンの繰り返しだと語っていました。宿泊の仕方も遍路それぞれです。

一五時三〇分、Hさんと民宿「徳増」に到着。この日の移動距離は二七㎞。

バイクで巡っていた時、よく歩き遍路が語っていました。「二五㎞から三〇㎞くらいが妥当。それを超えると翌日に負担がくる」と。やはりこれくらいが無理なく遍路を継続できる距離だと思います。「解説編」にもそう書いてあります。

「徳増」の若女将は、もともとは四国の人間でなく、歩き遍路の道中で若旦那と出会ってご結婚されたとか。「お大師様が二人の仲人です」とは、大女将の言葉です。

若女将は元歩き遍路だけあって、その心遣いは細やかなものがありました。

民宿のご家族は安芸市の観光ポスターのモデルになっていました。

復活!

一〇月二九日、八時民宿「徳増」出発。この日も移動距離は少なめで、半分休養日。青年大師像、弘法大師が修行したとされる御蔵洞、二四番最御崎寺を参拝。

最御崎寺は妻と初めて巡った時に初めて訪れた、私にとっては少し特別なお寺です。先述のように四回に分けて巡ったのですが、番号順とは全く関係のない巡り方でした。ろうそくを灯し線香をあげ、納札を納めてお賽銭をあげ、鐘を鳴らすまでは全て妻が行い、私はその間にカメラのセッティングをしていました。用意ができたところで、二人そろって「南無大師遍照金剛」を唱えるというパターン。納経所に行くのも妻の役割でした。

時々、妻が納経所の方の対応の仕方を批判していました。見るからに「書いてやってい る」という感じの人がいるのです。四国には八八カ所のお寺以外にも、もちろん多くのお寺があります。その中で八八カ寺は、言ってみれば特権的なお寺ともいえます。黙っていても巡拝者がやって来て、お参りが終われば納経所に墨書授印を求めてくる。二、三〇秒ほどの仕事で三〇〇円のお金が入ってくるのです。お寺にとっては「お客さん」なわけですが、なのに、ということです。

妻が亡くなって自分一人で巡りだして、「なるほど」と思うお寺が何カ所かあります。特に印象の悪いお寺が二つあります。一つは納経所に入っていって、こちらが「お願いします」と言っても無言、書き終わってこちらが「ありがとうございました」と言っても無言、全くの無表情。お寺に雇われているアルバイトなんでしょうか。そうであったとしても、接客する際のマナーなり常識を寺側が教えるのが当たり前でしょう。

去年の冬からは私も一切無言で納経帳を差し出し、無言で受け取るようになりました。我ながら、全然人間ができてないなあとは思います。

もう一つの寺には二度気分の悪い対応をされました。一度は何の挨拶もなく無言で書いた後、納経帳を放るような形で戻されたこと。もう一度は、私の前に団体の添乗員がいて二、三〇冊の納経帳が積まれてありました。そのため私の分を先に書いてやろうとしてくれたことは有難かったのですが、何も言わずに手を差し出すだけ。イメージとしては「先に書いてやるからさっさと納経帳を出せ」という感じ。ましてこの人は、法衣を着たこの寺のお坊さんです。私はこの人のことを、法衣を身に着けているだけの社会常識さえ知らないサラリーマン坊主と考えています。

幸いにも今回の遍路では、この二人と顔を合わせることはなく、気分の悪い思いをしなくて済みました。

最御崎寺はそこそこの標高があって上り下りがあったのですが、ふくらはぎに違和感は出ませんでした。復活！

一四時に最御崎寺から海岸近くに下りて、しばらくの所にある民宿「うまめの木」に到着。

一〇月も末だというのに、この日は暑いくらいでした。

一〇月三〇日、七時三〇分に「うまめの木」を出発。この日初めて、現金を戴くお接待を受ける。歩道を逆方向から歩いてきた女性が、「飲み物代にしてください」と言って一〇〇円玉を差し出してくださいました。納札を出そうとしたら、「気を遣わないでください」と言われてそのまま行ってしまわれました。その一〇〇円玉は財布に入れないでズボンのポケットにしまい、その後自動販売機で飲み物を買う際に使わせてもらいました。少額ですがその後何人もの方から、同様のお接待を受けることになります。一〇〇円玉一枚か二枚であっても、格別な意味を持つものでした。正直なところ、こういうお接待が有り難かったです。

季節柄、柿の収穫時期で、農家の方から「お遍路さん、柿持っていき」と声をかけられることも何度かありました。お接待の申し出があった場合、断らないのが原則なのですが、リュックはほぼ満杯ですし宿で食べるということもないので、申し訳ないとは思いつつ「お気持ちだけ戴きます。ありがとうございます」と言って通り過ぎていました。

愛媛県に入ると、それはみかんに代わっていきます。手に持たされることもあり、仕方がないのでリュックに押し込み、宿で部屋に置いてくるということが何回かありました。

順調に二五番津照寺、二六番金剛頂寺を巡り一五時三〇分、ホテル「奈半利」到着。

金剛頂寺は宿坊も経営しており、私は泊まったことはないのですが、遍路仲間では食事が美味しいことで有名です。


一〇月三一日、八時にホテル「奈半利」を出発。二七番神峯寺への上り下りはそこそこ距離もあり勾配もきついのですが、ふくらはぎには問題なし。

駐車場にお土産屋があります。食事はうどんだけですが、野菜がふんだんに入っているので、栄養満点でお腹もいっぱいになります。バイクや車での遍路でも、どういうわけか神峯寺到着が昼前後になるので、毎回ここで昼食となります。

八八カ所のほとんどのお寺には、弘法大師像があります。数ある大師像の中で、私が最も気に入っているのが神峯寺の大師像です。歩いている姿の像は珍しく、どこか勢いを感じます。

お寺を出発して二時間ほど歩いて、「道の駅」で大休止。「道の駅」は休憩、トイレ、食事などでよく利用しました。ここで、出発以来、初めてベンチでうとうとしました。

今回の遍路では、宿で夜布団に入って、朝まで途中目を覚まさず熟睡するというのは数えるほどでした。トイレで起きるということもありましたが、暑くて目が覚めることが多かったです。というのは、コロナが影響しています。途中、絶対に風邪をひいたり、まして発熱するようなことはあってはいけないと考えていたのです。

まだこの段階ではそれほどではありませんでしたが、終盤に第三波がやって来た頃から宿に到着すると、チェックイン時に体温を測られることが多くなりました。あるビジネスホテルで「もし三七度五分以上の熱があったらどうなるんですか?」と聞いてみたら、「泊まって頂けません」という返事でした。「それじゃあ、どうするのか?」とまでは聞きませんでしたが、保健所へでも行かなくてはいけないのかなと考えていました。

私は念のためかかりつけ医にお願いして、風邪薬を処方してもらいお守り代わりに持ち歩いていました。ということで、どうしても寝冷えすることを警戒したからです。

この旅の間、納経所に入る、宿に入る、あるいはお店に入る際にはマスクは着用。マスクをしながら歩いている遍路はいませんでした。

一五時三〇分、この日の宿に到着。ビジネスホテル形式で宿泊料金は先払い。私の前に到着している遍路がいてチェックインしていました。後ろで待つ形になったのですが、宿泊代金は通常の料金を支払っていました。この宿は「ＧｏＴｏ」加盟店なのですが、なぜなのかなと思い自分の支払いが終わった後に尋ねてみましたら、「お客さんの方から利用の申し出があった場合に対応している」とのこと。先述のように宿側の処理が煩雑であることは聞いていますが、それは如何なものかと思いました。徳島駅近くの「昴宿　よしの」では、こちらが知らないことまで教えてくれ便宜を図ってくれたのとは対照的だなと感じました。

それと、コインランドリーがびっくりするほど高かったです。普通、洗濯機を回すのに一〇〇円あるいは二〇〇円、乾燥機使用の場合も一〇〇円、というのが相場です。ここは両方使って六〇〇円でした。おそらく四国最高値だと思います。

二度目の連泊

一一月一日、八時に宿を出発。この日は国道五五号線に沿っているサイクリングロードを中心に二五㎞の移動。出発して一時間ほどでいつものようにトイレに行きたくなりました。しかし、そういう場所がない。地球に直接するにしても、身を隠せる場所もない。これは困ったと思っていると、設置型の簡易トイレを発見。「やれ、有難や」とドアを開けてみると、思わず後ずさりするような惨状。しかし「う～ん、やむをえまい」と、鼻をつまみ腰を高めにしてなんとか危機回避。

この日歩いたサイクリングロードですが、その道沿いがひどかったです。何かというと廃品の山です。車、冷蔵庫、洗濯機など、ありとあらゆるものが捨てられていました。

現在四国では、「八八カ所霊場」を世界遺産に登録しようという運動がなされているのですが、まずここをなんとかしないと、そんなことをお願いする資格はないと思いました。

一五時三〇分、二八番大日寺近くの民宿「きらく」到着。

この宿は二回目です。どういう巡り合わせか、前回も翌日が雨でした。それも本降りの

民宿　喫茶「きらく」

雨だったので連泊をお願いしたのですが、あいにく満室とのことで、土砂降りの中をバイクで出発したのを覚えています。この日も翌日は本降りの雨の予報だったので、女将さんに連泊をお願いしました。

非常にシンプルな宿で、一階は「軽食・喫茶」、二階に客室が三部屋とお風呂、洗濯機、乾燥機があります。洗濯機、乾燥機の使用は無料。前日のホテルとはえらい違いです。部屋もきれいでトイレ、洗面台付きです。「ＧｏＴｏ」には加盟されていませんが、一泊二食付きで六八〇〇円（税込み）。民宿は七〇〇〇円前後が相場です。

一一月二日、休養日。

以前連泊した「名西旅館　花」では昼食を用意してもらえなかったので、ちょっと離れたところにあるコンビニまで買いに出ましたが、この宿の良いところは下の食堂で食べられることです。

明日からの三日分の宿を予約。国民宿舎「桂浜荘」が取れなかったのは痛かったです。この宿は最高のロケーションで過去全ての遍路で利用しています。平日なのでまず確実に取れると思っていたのですが、あいにく団体が入っているということでした。

夕食時には、つなぎで巡っている母親と息子という珍しい親子遍路、女将さんといろいろと話をして楽しい夕食でした。

ちょっと余裕があり過ぎた二日間

一一月三日、七時三〇分、女将さんに「また来ま～す」と挨拶し民宿「きらく」を出発。

晴天の中、穏やかな田園風景を見ながら二九番国分寺、三〇番善楽寺を参拝し、一四時早々にホテル「土佐路たかす」に到着。基本ビジネスホテルですが、夕食は道路を隔てた向かいに食堂があり、そこで使える一〇〇〇円券を渡されました。後にも先にもないパターンでした。

一一月四日、朝食はごく簡単なバイキングのサービス。七時、宿を出発。同宿だった二人の遍路とともに三一番竹林寺へ。さらにその二人が前日同行した女性遍路が合流し珍しく四人で歩くことに。四人で三二番禅師峰寺へ。昼食は同宿だった二人とお好み焼き屋で済ます。

食事後、そのうちの一人が足にできたマメの手入れを始めました。見せてもらいましたが、左足の親指の横の部分にお見事なマメが。潰れないようにワセリンを塗っていました。

結局私は、最後は膝を痛めてリタイアするのですが、足裏のマメ、靴擦れには無縁でした。しかし、足裏全体にジ〜ンとした感じ、軽い鈍痛は常にあり、時々出発前にロキソニンを足裏に塗ったこともあります。

お好み焼き屋からすぐのところに三三番雪蹊寺があります。参拝を済ませた時刻はまだ一四時でした。私のこの日の宿はその門前にある民宿「高知屋」。二人には「え!?　今日はもうおしまい？」と言われてしまいました。

宿の受付は三時三〇分からと言われ、結局一時間半もお寺で時間を潰していました。

ここの宿では洗濯、乾燥はお接待でした。

季節は一一月に入っていますが気温の変化が激しく、宿により部屋の密閉度も違うので体温調節が難しく、この夜もなかなかぐっすりと眠ることができませんでした。

少し歩くピッチを速め、距離も延ばす

一一月五日、六時三〇分に「高知屋」を出発。前日の三人には時に追いつくも、追い越すことはできませんでした。二人組は私より迂回ルートをたどっているのに、ふとしたところで見つけても私より前を歩いていました。二人組といっても元々はお互い単独で、よほど気も合いペースもほぼ同じだったのでしょう。一人は金剛杖は持たず、両手にストックを持っていました。後日また単独行になっていた彼と出会ったのですが、一人となると一日の平均移動距離は四〇㎞と言ってました。これでは追いつけるわけがありません。

久しぶりに三〇㎞以上歩き、一六時、三六番青龍寺近くの「山陽荘」に到着。この旅館は、部屋、料理、温泉全て良かったです。

一一月六日、七時二〇分「山陽荘」を出発。ここの宿ではアジア系の外国人を多く雇っていました。皆優秀です。出発前の会計の折、私に応対してくれた女性は、中国内モンゴル出身で来日二年目。流暢な日本語を話し、会計業務もきっちりこなせる本当に優秀な人材でした。

この日はお参りするお寺もなく、ひたすら歩いた一日。基本的に九〇分歩いて一五分休憩というパターンで、これが私にとってちょうど良いペースでした。

歩きに歩いて一七時、「大谷旅館」到着。私は一旦宿に入ると外へ出るのは億劫に思うタイプで、基本素泊まりの宿は利用しません。しかし、この日は他に適当な宿がなく、そういう意味で仕方なく予約した宿でした。でも、女将さんは大変親切、近くの居酒屋に予約を入れてくれていて、久しぶりに宿で出される料理と違い（贅沢な話ですが、どうしてもおかずの品がワンパターンで、毎日となると食べ飽き気味になります。高知県と言えば「鰹」ですが、最後の方はもう見たくないという感覚でした）、自分の好きなものを注文できるし、店の主人ともいろいろな話ができて良かったです。

一一月七日、前日の夜から降り始めた雨が残っており、チェックアウトぎりぎりまで宿にいて九時、「大谷旅館」を出発しました。雨具のことですが、この季節だし平坦路であればまだいけるのですが、この日は最初から七子峠への上りが六㎞続きました。こうなると雨具の中は汗で蒸れるし、暑いです。特にリュックが密着している背中にそれを感じます。

峠を下り始めてしばらく行くと、地図にはラーメン屋があることが示されています。しかし、古めの地図だしコロナの影響で休業しているんじゃないかと思っていたら、さにあらず、営業していました。朝食兼昼食をここで取ることができました。

前々日、前日と頑張ったせいか、この日は二〇㎞あまりながら中盤以降は足が重かったです。

一五時四五分、三七番岩本寺近くの「まるか旅館」に到着。

一一月八日、七時に「まるか旅館」を出発。この日と翌日は参拝するお寺はありません。ひたすら足摺岬を目指します。

前日の五五号線といい、この日の五六号線といい、高速道路が伸びている部分は車が極めて少なく、道路の真ん中を歩いていました。トンネルの中では般若心経を唱えたり、歌を歌ったり。

私の住む関西でも、紀伊半島の海岸沿いを走っているのが国道四二号線なのですが、やはり高速道路がかなり整備されてきています。しかしながら部分開通であるので無料ということもあり、当然ほとんどの車はそちらを利用します。高速道路と並行している四二号線は、五五号線や五六号線と同じ状況です。人が住んでいない廃屋が目立ち、以前は営業していたのだろうお店も朽ち果てた状態です。地域の発展のための高速道路なんでしょうが、本当に役に立っているのかなと常々思います。

途中、「お遍路さん、美味しいコーヒーを飲んでいきませんか」という張り紙のあるおうちの前を通ると、中からおじいさんに声をかけられました。遠慮なく庭先に入れてもらい、インスタントではない本格的なコーヒーを戴きました。お菓子や果物も置かれてあります。

三〇分ほど、休憩も兼ねおじいさんと話をしながら過ごしました。おじいさんも遍路と話をするのが楽しみなのでしょう。

一五時一五分、「ホテル海坊主」に到着。リュックの背中部分の臭いが気になりだす。

この宿には、ファブリーズ的な消臭剤が置かれていたので、靴の中も含めて思いっきり振りかけました。

ここは海岸沿いに立地している宿で、ロケーションが抜群でした。

一一月九日、七時「ホテル海坊主」を出発。「道の駅」があってトイレ休憩していると、一一月四日にしばらく一緒に歩いた女性遍路Sさんと再会。結局二人で出発。「道の駅」からは五六号線を外れて遍路道に入りました。彼女はあの後下り坂で足首を痛めたそうで、まだ先は長いし、その点を心配していました。半日近く行動を共にし、いろいろな話をしました。私は女性遍路とこれほどの時間一緒に歩くことはなかったので、女性独特の苦労話が参考になりました。やはり、一番気になることは「トイレ」の問題と言われていました。行く先にトイレがない場合、水分の補給を控えたりもするそうです。宿泊については、外国人遍路がよく利用する「ゲストハウス」を使うことが多いと話していました。

彼女は「私に構わず、先に行って下さいね」と言っていましたが、私は少しペースを落としながら同行していました。しかし、四万十川を渡って左折し、足摺方面に向かう道に下りる階段があったのですが、その時の彼女の階段の下り方を見て「これは厳しい」と感じました。

すぐに「それでは宿でお会いしましょう」と言って（この日は同じ宿を予約していました）、先行することにしました。

一六時、民宿「安宿」（「やすやど」ではありません「あんしゅく」です）に到着。彼女も一時間遅れで到着していました。ここで、最後の一週間共に歩くことになるMさんと同宿になります。

は〜るばる来たぜあしずり〜!!

一一月一〇日、民宿「安宿」を出発。Sさんはスピードが出せないので、この日の行程を考え併せ、朝食をとらずに早めに出発していました。Mさんはこの時、別の方と同一行動をとっていました。

お昼前、道路沿いにお弁当を買えるお店があると聞いていたので立ち寄りました。昼食を確保しお店の中を見てみると、おそらくこの朝に水揚げされた魚だと思うのですが、丸々太った七、八kgくらいのブリがなんと八〇〇円で売っていました。いわゆる「浜値」

と言われる値段です。

結局、この日はMさんたち二人、Sさんと抜きつ抜かれつしながら足摺岬に向け歩くことになりました。しかし、三人とも足摺岬近くにある三八番金剛福寺までは歩きますが、参拝後はバスで元へ戻るという選択でした。「三八番までは歩いた。同じ道をバスで戻るのは遍路が途切れたことにはならない」という解釈です。

結局Sさんとは金剛福寺で顔を合わせたのが最後になるのですが、あの足でこの後約半分残っている行程を歩き切ることは難しかったのではないかと思っています。

「金剛福寺」は境内に美しい池が配置され、鯉が泳ぐ非常に趣のあるお寺です。

一五時、足摺での定宿になっている民宿「福田屋」に到着。

実のところ、足摺では「ＧｏＴｏ」を利用して高級旅館に泊まってやろうと、いくつか電話を入れてみましたが、全て満室でした。同じことは後の道後温泉でも経験することになります。

「福田屋」さんは四回目の宿泊となります。この宿も部屋から太平洋に沈む美しい夕陽を見ることができます。

ついにというか、ようやくというか、今回の遍路の距離でいえば折り返し地点まで来ました。

ドライバーから合掌される

一一月一一日、この日は宿の関係でユックリズム。八時に民宿「福田屋」を出発しました。

足摺岬のある半島の西側を北上、そして国道三二一号線に戻り、打ち返すことになります。

前日にしてもこの日にしても国道をそれて大岐海岸を歩きます。真っ青な空と海、白い砂浜の遍路道は最高です。

国道に戻って、何気に対向してくる車のドライバーを見ていましたら、片手でハンドルを握り、もう一方の手で私に対して合掌されていました。私にというより私に同行されているお大師様に対してなのかもしれませんが。それらしきことは過去に二度経験していました。

しかし、もちろん対向車のドライバーに常々注目しているわけではないので、気のせい

大岐海岸

かなと考えていたのですが、この日ははっきりと認識できました。

日々受けるお接待もそうですが、これが四国の遍路文化なんだなと思いました。

全く順調に、一三時に民宿「大岐の浜」に到着。前々日に泊まった「安宿」に再度宿泊という手もあったのですが、宿を変えることを選択。そのため、この時間になってしまったのです。

こんなに早く宿に着いてしまうのは後にも先にもこの日だけです。

しかし、あまりにも早すぎて宿は閉まっていて、結局一時間半ほど宿の前で時間を潰していました。一四時半頃、ようやく女将さんが買い物から帰ってきて入宿。この日の宿泊は私のみ。女将さんといろいろと話をしながら、夕食を戴きました。

女将さんからの情報として、「ちょっと距離は長め（三八㎞）になるが、ここの宿に連泊して、空身で金剛福寺を往復するという方法もある」とのことでした。この話に限らず、次回春に巡るときはこうしようと考えることが多々ありました。


活動時間は九時間くらいまでがちょうどいい

一一月一二日、七時三〇分に民宿「大岐の浜」を出発。前日に続き、一時間ほど国道三二一号線を打ち戻し、その後はひたすら県道二一号線を歩きます。分岐にあるコンビニでおにぎりを買おうかとも思いましたが、そろそろコンビニおにぎりにも飽きてきていたので通り過ぎました。

この県道はほとんど通行する車もない、とても寂しい道でした。途中、道が左右に分かれているところがあって、方角的には左だと思うのですが標識がない。どうするものか迷っていると、ほとんど通らない車が偶然やってきました。合図して止まってもらい、間違いないか確認。こういうことやトイレの件、その他何か困ったり迷ったりした時に人であったり場所であったり、あるいは解決するヒントらしきことを示してもらっている、そういう風に感じるようになりました。そして、「何事もお大師様の思し召し」と考えるようになっていきます。家田荘子氏も、その著書の中で同じようなことを述べています。

地図には、〇〇商店というお店の名が載っていても、休業していたり昼食を購入するような店でなかったりで、結局この日は昼食抜き。持っていたキャラメルをなめるだけでした。

一六時三〇分、「鶴の家旅館」に到着。前日楽だった分、この日はその付けが来ました。この日の行程で九時間なのですが、相当な疲れを感じました。疲れ方はその日の行程、体調にもよります。

「解説編」では、活動時間については一〇時間以内とあります。私の場合、九時間まであたりが妥当なようです。

一一月一三日、六時三〇分に「鶴の家旅館」を出発。三九番延光寺参拝後はひたすら国道五六号線を歩きます。久しぶりにまともな昼食（玉子丼とおそば）が取れました。

この日、高知県から愛媛県へと入りました。「修行の道場」はやはり厳しかったです。

距離は長いしお寺は少ないし。ようやく「菩提の道場」へ。

順調に一五時三〇分、「青い国ホテル」に到着。ビジネスホテルなので夕食は付いていません。しかし、ホテルのすぐ横に和食、洋食のお店があり、迷うことなく洋食の店に入り、久しぶりにお肉料理を堪能しました。

コロナの影響でいよいよ宿が取りにくくなりはじめる

一一月一四日、七時三〇分に「青い国ホテル」を出発。この日も晴天の中、青い海を見ながら国道五六号線を歩きます。高知県の国道は遍路にとっては歩きにくい道でした。歩道が片側しかない場合が多く、その歩道を歩いているといつの間にかなくなり反対側に現れる。道路をまたいでそちらを歩きだすと、また無くなり反対側に出てくる、といった具合です。

愛媛県でもそういう歩道がないわけではありませんが、高知県と比べるとかなり少なかったです。長いトンネルなどにはその入り口に蛍光のタスキが設置されていて、出口で返却するという形にされてあり、歩行者（主に遍路）に優しいなと感心させられました。

なお、私は歩道のないトンネルを歩く場合は必ず右側通行をしました。万が一ドライバーが自分に気付かなかった場合でも、自身で避けるためです。

感心したことと言えば、他に子供たちのことがあります。とにかく、愛媛県の子供たちはしっかり挨拶をしてくれるのです。出会って何も言わない子供は少数でした。私は、元中学校の社会科教員だったのですが、以前の職業柄、感心することしきりでした。愛媛県の教育の質の高さを感じました。

この日もちょうど良いタイミングでレストランを併設した温泉施設「ゆらり内海」に到着、ここで昼食をとります。その後も快調に歩き、一五時、「三好旅館」に到着しました。宿に入って明日以降の宿を手配するも、考えていた民宿はコロナのために休業中。他はそれ以前から廃業していたり、お年寄り夫婦でやっている民宿は耳が遠いので、なかなか電話を取ってもらえないという話を聞いていて、何度か電話するも通じず。

特にこの辺りは宿の数が少ないのです。結局、明日は本来なら一日半はかかる距離を一日で進むことに。そのため、急遽女将さんに明日の朝食はキャンセルさせてもらうことを伝えました。

一一月一五日、六時に「三好旅館」を出発。一一月も中旬なので、六時だと外はまだ真っ暗です。

ハイピッチで歩を進めます。普通に歩いていては夕方に峠越えをしなくてはいけません。しかし、この日の宿のご主人から「状況によっては、峠の下り口まで車で迎えに行く」と言ってもらえていたのが、精神安定剤になっていました。

スタートしてしばらくは歩いていても身体が冷えるほどでした。

道の駅「みま」で昼食兼大休止。ここでは歩き遍路にだけ、昼食後にデザートのお接待がありました。本来ならこの近くで泊まる予定だったのです。

四一番龍光寺、四二番仏木寺で参拝。仏木寺の納経所で四三番方面への最も早い行き方を尋ねました。納経所の方曰く「あなたの脚力によるのですが……」との前置きがあって、「峠への上りは遍路道を通ればよいが、下りは距離は長くなっても県道を通るのが無難」ということでした。その言葉に従います。

峠を下り終えたのが一六時でした。これなら大丈夫と、宿を目指します。一七時、民宿「みやこ」に到着。到着直前、携帯電話が鳴りました。着くなり「三好旅館さんからでしょう。早かったねえ」と女将さんに言われました。

一日中ハイピッチでの峠越えを含む一一時間。人生で最も長く歩いた距離を更新しました。しかし、ふくらはぎと足首に結構きました。

宿泊者は自分一人。夕食はご主人、女将さんとともにいろいろと話しながら楽しく食べられました。

一一月一六日、民宿「みやこ」を出発。この日は交通量の多い五六号線は避け、国道と並行する遍路道を歩きます。しかし、遍路道の峠は避けました。

結局昼食も取らず、前日の疲れを感じたまま一四時三〇分、大洲市にある「ときわ旅館」に到着。部屋に入って、布団を敷いて横になりました。こんなことも初めてです。

この宿はもともとは料理旅館で、建物の中に庭、池があり立派な鯉が泳いでいました。この日も宿泊者は私一人だけ。若旦那がとても親切で、夕食時にはいろいろ教えてもらいました。今回の歩き遍路では、行程上仕方なく消去法で泊まった宿も少なくないのですが、今後の歩き遍路の際に定宿にできるなと思った宿もいくつかありました。「ときわ旅館」さんもその一つです。

無料遍路宿泊所の内部

一一月一七日、七時に「ときわ旅館」を出発。やはりこの日も、国道五六号線に並行する遍路道を使いながら進みます。国道三七九号線との分岐にある「道の駅」で昼食を考えましたが、一一時開店だったので、赤飯と山菜ごはんを買って済ませました。

国道三七九号線は快適で、並行する遍路道も使いながら順調に前進。

途中、無料で宿泊できる遍路小屋がありました。鍵はかかっていないので中を覗いてみると、一〇畳程度の畳部屋に何セットかの寝具、建物の横には設置式のトイレ、道路の向かいに飲み物の自動販売機。こういうところに泊まる遍路もいます。

国道三八〇号線に入り、土砂崩れのため

車両通行止めの区間を自分一人で歩きます。

最後に、この日の宿「山宿むらや」の位置が地図とまるっきり違うのに戸惑いながら、一六時に到着。地図では三八〇号線を少し外れて二〇〇mくらいなのですが、行けども行けどもないのです。途中地元のお年寄り二人に聞いて、あることは間違いないのだろうとは思って歩きましたが、三、四㎞ほどあったと思います。女将さんが出迎えてくれたのですが、開口一番「地図とは全然違いますね」と言うと、「皆さんにそう言われます」とのことでした。

「地図編」は「へんろみち保存協力会」がもちろん歩き遍路のために作成しているわけですが、宿については宿側からすれば載せてもらっているという感覚があり、なかなか間違いを指摘しにくいとのこと。ということで、今後歩かれる皆さん、この地図は一〇〇%信用できるわけではないこと、使用される場合は最新版を持たれることを勧めます。

「山宿むらや」さんも推薦できる宿です。一見普通のお家で部屋数は三室。お風呂はきれいでいい香りの入浴剤、夕食も多彩で量も食べきれないほど、そこかしこに女将さんの細やかな心遣いを感じることができました。

また、ご主人が夕食時に遠慮がちに、「歩き遍路の方にこういうのは失礼かもしれませんが、もしよろしければ国道まで車で送りますが」と仰ってくださいました。これは歩き遍路が途切れるとは思わず、ありがたく受けさせてもらいました。

一一月一八日、この日も結構距離があるので朝食を早めにお願いしました。そして前日の約束通りご主人に三八〇号線まで送って頂きます。これで三〇分以上の時間の節約になりました。

その場をスタートしたのが六時三〇分。今までバイクや車で巡ったのは、そのまま三八〇号線から県道二一二号線を経由し、さらに県道一二号線で四五番岩屋寺を先に打ち、国民宿舎「古岩屋荘」に泊まるというパターンでした（この「古岩屋荘」という宿も趣のある宿です。この日は休業日でした）。このルートは普通の自動車道路を歩くことになりますが景色も良いし圧倒的に車は少ないし、そのルートを歩くつもりでいたのですが、「地図編」によると距離的にすごく迂回することになる。ということで途中から国道三三号線に入るルートに変更したのですが、この日の宿「八丁坂」からは打ち戻さなくてはならず、結局距離的にはほぼ同じでしたし、三三号線は交通量が多いうえに歩道が整備されておらず大変歩きにくかったです。コース的には前日、三八〇号線に入らずにそのまま三七九号線から遍路道に入るのがいいようです。

四四番大寶寺参拝後、「八丁坂」到着が一三時五〇分。リュックを置かせてもらい、空身となります。宿の方から「岩屋寺までの往復と参拝には三時間半から四時間かかるので、帰りは真っ暗になる可能性があるから懐中電灯を持っていけば」と言われました。手に何も持ちたくなかったので丁重にお断りし、三時間で戻ってくることを目標に宿を出発。ハイピッチで岩屋寺を目指します。

途中、休憩している遍路と出会いました。足摺岬まで抜きつ抜かれつし、そしてこの後一週間ほど行動を共にすることになるMさんでした。彼は足摺岬で別れた後に足首を痛め、その時同行していた人と別れて単独行動になったとのことでした。Mさんは岩屋寺参拝を終えて「八丁坂」に戻っている途中で、そこで別れます。さらに急ぎに急いで岩屋寺への上り口に到着。ここからお寺までかなりの急坂が結構長く続きます。今までのバイクや車での遍路ではかなり息が上がったのですが、今回はかなり心肺機能も鍛えられていたのか、それほど苦も無く本堂まで上がれました。ちょっと急ぎめに本堂、大師堂で納経。納経所を出ると、また大急ぎで「八丁坂」へ向かいます。

この辺りは久万高原と呼ばれるところで、紅葉は終盤の頃でした。歩いていると、きれいな紅葉の前で写真を撮っている観光客に呼び止められ、その人たちの中に入れられ写真撮影。

一七時に入宿。三時間一〇分で戻ってこれました。Mさん、Hさん、そしてもう一人、以前一緒だった人と再会。その他にも遍路が何人かいました。この宿は歩き遍路に人気の宿です。もちろん私もご推薦。三日連続でよい宿に泊まったことになります。

一一月一九日、この日は余裕を持って歩ける距離なのでゆっくり準備し、八時に「八丁坂」を出発しました。

前日再会したMさんと抜きつ抜かれつ進んでいきます。途中の遍路休憩所でお茶とみかんのお接待を受けました。出発の際にはさらにみかんを三つ持たされ、休憩所を後にします。

最後の一時間ほどはMさんと一緒になり、四六番浄瑠璃寺に到着。参拝して門前にある「長珍屋」に、早々と入宿。一五時でした。

宿泊者は六名。そのうち五名は歩き遍路で、一人だけが車で回っておられる方でした。その方は「私なんか車で楽して回っています」と恐縮されていたのですが、前回までその立場であった私には、その気持ちはよく理解できました。

一一月二〇日、八時に「長珍屋」を出発。村中、街中を通り四七番八坂寺、四八番西林寺、四九番浄土寺、五〇番繁多寺、五一番石手寺を次々に参拝しました。

ここで私の個人的な考えですが、五一番「石手寺」で気になることがあります。それは、境内にでかでかと「集団安全保障法反対」だの「新安全保障法＝戦争法」などの看板が掲げられていたことです。広汎に世界平和を祈り、訴えることはもちろん全く問題ありませんが、これらの看板は明らかに政府批判、政策批判です。自分たちの考える平和実現のための主義、主張の押し付けだと思います。お寺というのはこういうことはするべきでないと思っています。

それとは関係ない話ですが、石手寺には門前に大師の母君の像があります。まるで天使のような美しいお姿をされています。

一五時、「にぎたつ会館」に到着しました。ここは道後温泉です。先述のように出来れば「ＧｏＴｏトラベル」を使って贅沢したかったのですが、何軒か電話してみましたが全て満室でした。この頃はコロナ禍とはいえ、「ＧｏＴｏトラベル」を利用して旅行する人たちはまだ結構多かったのです。特に四国は感染者数が極めて少なく、そういう理由もあったのでしょう。

「にぎたつ会館」は愛媛県の公務員共済組合施設ですが、もちろん一般の人間も宿泊できます。前日に予約していたのですが、この宿でさえ「一室だけ空いています」と言われ、冷や汗ものでした。

夕食は質的には悪くはなかったのですが、歩き遍路にとっては量が少なめでした。ごはんでお腹いっぱいにしようにも、小さなお茶碗に確か「おこわ」だったと思うのですが、それが出てきてお代わりなしです。全て食べても腹七分目という感じで、空腹感を残しながら部屋に戻りました。部屋にはアンケート用紙があったので、早速記入しておきました。

私は高校、大学と自転車での旅を趣味にしていました。これを始めた頃からの憧れの地は北海道で、結局、大学の一回生から三回生まで三年連続で同地を巡ったのですが、当時の宿泊場所はユースホステルでした。今から四〇年余り前のことですが、一泊二食付きで二〇〇〇円。相部屋。食事はおしなべて貧弱という感じです。

夕食時のおかずなど、普通に食べたらご飯お茶碗一膳半くらいで無くなってしまいます。

自転車の場合は自分が動力源であり、電車やバスで旅行している人たちに比べて当然エネルギーを使い、お腹も空きます。そこでどうしたかと言えば、ご飯とみそ汁はおかわり自由だったので、醤油のぶっかけご飯（汗をかいた身体には塩分補給ともなります）と、みそ汁のぶっかけご飯です。醤油に飽きると塩をふったこともあります。

今回はそういうこともできず、少しひもじい夜でした。

一一月二一日、七時三〇分に「にぎたつ会館」を出発。松山市内はややこしいです。バイクで巡っていた頃、二度目くらいまでは迷いました。人にも聞きながら五二番太山寺、五三番圓明寺を参拝します。この日のコースは歩き遍路にとっては、面白味のない道でした。

一五時三〇分、「太田屋ビジネス旅館」に到着。ここでまた、Mさんと一緒になりました。

夕食後、二人で明後日、明々後日の宿を検討。またまた、宿が取り難くなってきます。もう一人歩き遍路がいたのですが、彼も「思うように宿が取れない」とこぼしていました。

一一月二二日、七時三〇分に「太田屋」を出発。この日も国道一九六号線をメインに、それに並行する遍路道を併用しながら進みます。やはり前日と同じで、あまり面白味のないコースでした。

順調に、最後は少し雨に降られながら、五五番南光坊近くの「今治プラザホテル」に到着。

Mさんとはここでも同宿としていて、彼は三〇分ほど遅れて到着。夕食はホテルを出て、近くの居酒屋で。いろいろと話をしながら、おいしい料理を肴に楽しく飲めました。娘や妻の話をしたのは、この時でした。

一一月二三日、七時三〇分に「今治プラザホテル」を出発。朝食を取らないで出発したMさんに早々と追いつき、二人して五六番泰山寺、五七番栄福寺、五八番仙遊寺を参拝しました。

仙遊寺からの下りで、左膝に軽い痛みが出始めます。

五九番国分寺で先行していたMさんに追いつきます。ここで六〇番横峰寺をどういうルートで回るかで、Mさん、太田屋で「宿が取れない」とこぼしていた歩き遍路といろいろ相談。

この彼は、結局宿があるところまで電車で行き、翌朝また電車で戻って再スタートという計画でした。

そんなことをしていたので国分寺でかなり長居してしまい、その後ハイスピードで歩いて一七時一五分、「ターミナルホテル東予」に到着。このホテルはビジネスホテルなのですが、立派な和風レストランを併設し大浴場もあるなど、なかなかの宿でした。

一一月二四日、明後日、明々後日の宿をなんとか確保し、一〇時に「ターミナルホテル東予」を出発。札所順からすると次は六〇番横峰寺となるのですが、過去バイクや車で回った同じルートを選択。六一番から六四番までを先に打ち、その後に六〇番というコース取りにしました。

六一番から六四番までは近接しており、この時刻で十分だったのです。

この日は本来なら、横峰寺への上りの中間にある「京屋旅館」に泊まる予定だったのですが、コロナのため休業中で、やむをえず湯之谷温泉に連泊することにします。

六一番香園寺は、「え？　これがお寺？」というまったくお寺らしくない建物です。

六二番宝寿寺は最近まで「八十八ヶ所霊場会」ともめていて（詳しいことは知りませ

ん）、結局しばらくの間脱会していました。その間、宝寿寺に代わる遥拝所が香園寺に設けられていて、そこで六一番の御朱印を戴くという形にしていました。

私はそうはせず、普通に宝寿寺で参拝し御朱印をもらっていました。しかし、やはり参拝者が減ったからでしょう、納経料は倍の六〇〇円でした。正直なところ、どちらに非があるのかは知りませんが、弘法大師が定められた八八カ所から勝手に抜けて挙句のこの所業。「ちょっといい加減にしなさいよ」という思いでした。

しかし、住職が変わったのか、昨年から元の鞘に納まりました。現在の納経料は三〇〇円です。

一五時、何の問題もなく湯之谷温泉に到着。この宿は、以前妻と巡った時に泊まったことがあり、良い印象を持っていました。しかし、バイクや車で回ると宿泊するには中途半端な時間になってしまうこと、一人で泊まる場合は別棟のゲストハウスでの相部屋となることから、宿泊していませんでした。

今回はコロナの影響で宿泊客が少ないからなのでしょうか、一人でも普通に宿泊できました。Mさんとはここでも同宿にしてあったのですが、夕食時になっても到着しません。何かあったのかと心配しながら結局一人で食事を済ませて部屋でくつろいでいると、Mさんが私の部屋にやって来られました。

聞けば、国分寺で私と横峰寺へのルートを話し合っていたため、御朱印をもらうのを忘れたことにこの日の朝に気付き、電車で戻ろうとしたのですが、とにかく本数が少ない。待ち時間だけで一時間半ほど時間をロスしたそうです。横峰寺へは距離は短いが遍路ころがしと呼ばれるルートを往復し、なんとか先ほど着いて大急ぎで食事をとり、今から風呂に入るとのことでした。この日、Mさんはタクシーも使っています。足摺岬でもそうであったように、一度歩いた道をバスやタクシーを利用して戻ることは、遍路を途切らすことにならないという考え方です。結果論ですが、私も横峰寺からの下りはバスかタクシーを使えば良かったとも思いました。

ついに左膝を痛める

一一月二五日、四時頃に目が覚めてしまい、その後全く寝直しできそうになかったので、納経用品、財布、携帯、地図、水筒、おにぎりなど、最低限の荷物だけリュックに入れて五時に宿を出発しました。この日は宿と横峰寺の往復です。

外はもちろん真っ暗。山を登り始めると、周りはまさに漆黒の暗闇。ちょっと不気味でした。

泊まる予定であった「京屋旅館」の屋外でトイレ休憩して再出発。上りは問題なく横峰寺に到着しました。

しかし、下り始めるとすぐに左膝の内側に違和感を覚えました。下るに従い違和感は軽い痛みになり、山裾に下りてきた頃には足を引きずるような強い痛みになっていました。

一三時には湯之谷温泉に戻り、宿に入れてもらい、布団を敷いて休みます。温泉でマッサージし、明日の復活を期待して布団に入りました。

一一月二六日、七時三〇分、左膝にロキソニンを塗りたくって湯之谷温泉を出発。最初の頃は違和感はあるものの、なんとか歩けていました。

四国を巡っていて、人との関わりで気分の悪いことをすることはほとんどありません。まして歩き遍路となればなおさらで、たくさんの人からお接待、親切は受けても不愉快な思いをするということなど皆無でした。

しかしこの日、初めてそういう体験をしました。

とある車も通行できない田舎道での出来事です。本当の田舎道で、おそらく通るのは地元の人か歩き遍路くらいなものでしょう。

久しぶりに、前方に人影を発見。こちらに歩いてくるおばあさんです。七、八ｍくらいの距離になったところで私が「こんにちは」と言うと、そのおばあさん、「こんな田舎にまでコロナ持ち込まないでね。マスクしてちょうだい」との返答。「すみません」と言って通り過ぎたものの、まるで私のことをバイ菌扱い。「何もそこまで言われなくても」という気持ちになりました。コロナの第三波がそろそろニュースになり始めていた頃ですが、四国各県の感染者数は〇か一桁。先述しましたが、納経所やお店、宿に入る際はマスクをしますが、歩いている遍路でマスクをしている人など皆無。この場面など、感染するシチュエーションでは全くありません。まあ、おばあさんからすると、この道を通る遍路がマスクをしていない様子を毎日見ていると、イライラが高じていたのかもしれません。

さて、話を元に戻しますが、膝の調子は昼頃から軽い痛みへと変わってきました。

痛みが増してきた頃に、ちょうどタイミングよく薬剤師のいる薬局を見つけて相談してみました。おそらく炎症を起こしているので、とりあえずバンテリンのサポーターを購入してその場で着け、宿に着いて貼る湿布も併せて買い求めます。

さらに歩いていると、「八丁坂」、「長珍屋」で同宿だった歩き遍路に出くわしました。彼に膝の話をすると、「旅も終盤に来て、横峰寺の下りで膝を痛めてリタイアする遍路の話はよく聞く」とのこと。まさに私がそれにはまってしまったわけです。彼も、横峰寺へは遍路ころがしのある道は使わず、私と同じルート取りをしていました。二人で歩いていて上りはなんとかなるのですが、少々の下りでも膝の痛みで歩きにくい状況で、彼には先に行ってもらいます。

一五時頃、いよいよ足を引きずるような状況となり、とても明日、明後日の宿にはたどり着けないと判断。両方にキャンセルの電話を入れます。

最後は、それこそ時速二㎞の世界。一七時、ようやく旅館「つたの家」に到着。宿に入ると、すぐに明日も連泊したいとお願いしました。「大丈夫ですよ」と言われて、ほっとします。きつい一日でした。

宿泊者は私一人だけ。夕食時に若女将といろいろと話をする中で、この日の出来事（おばあさんのこと）を言うと、「うーん、そこまで言われちゃいましたか。でも、万一この田舎で感染したら、もうそこでは暮らせなくなるんです」とのこと。

四国での感染者第一号は、日本で最初に感染者が出たクルーズ船の乗客だった人らしいですが、この人は徳島の人でやはり自宅では生活できていないそうです。

断念、そして帰宅

一一月二七日、連泊。足の様子をみながら昼食とドラッグストアに行き、さらに薬剤師にアドバイスを受け、たまたま近くに整形外科があったので行ってみました。

整形外科では痛み止めの注射をしてもらいましたが、宿に戻る頃にはほぼ歩けない状態で、旅の継続を断念。残念な気持ちに間違いないのですが、「もう少しなのに、畜生！」という感じではありませんでした。お大師様から「今回は、これくらいにしておきなさい」と言われていると思えたのです。

夜、Mさんから連絡が入りました。この日は六六番雲辺寺の麓にある民宿で同宿になる予定であったので、どうしたのかという電話でした。Mさんは先述のように途中足首を痛めながらも復活し、一二月三日に結願されています。

私は大阪府八尾市にある文化会館で、月に一度「太平洋戦争」に関わる研究会を主催しています。研究会と言えば格好いいですが、会員三〇名程度の小さな勉強会です。

その会員の一人に徳島在住者がいます。Kさんといいます。彼には過去にも、昼食をご馳走になったりお土産を戴いたりと、お接待を受けていました。

今回は「歩き遍路」ということでもあり、ラインを通じて情報やらいろいろ気を配ってくれていました。その彼に遍路継続断念を伝えると、「それじゃあ、明日宿まで車で迎えに行って高松駅まで送ってあげる」といわれ、恐縮するやらありがたいやら。


一一月二八日、朝食を済ませ部屋に戻ると大女将が来てくれて、痛めた膝に「これ効くと思いますよ」と言いながら薬（名前は失念しました）を塗ってくれました。

そうこうしているうちに、八時頃Kさんが到着。

また荷物を背負い、痛い膝で乗り換えもしながら電車で高松駅まではちょっときついなと思っていただけに、最後の最後に何よりのお接待になりました。

一時間くらいで高松駅到着。無茶苦茶楽チン。おかげで九時四五分発の大阪難波行きの高速バスに乗れました。

ここで、一見して「結願を果たしたな」と思える歩き遍路に会いました。

私も結願していたら、八八番札所門前の民宿「八十窪」に泊まり（ここでは夕食時、結願祝いに赤飯が出ます）、コミュニティバスで志度駅まで行き、電車で高松駅まで来るつもりでした。

彼の話では、「雲辺寺近くで体調を崩し、一旦自宅へ戻って回復したところで続きを打ち直したので、厳密に言えば通し切ったとは言えません」とのことでしたが、彼の顔は満足感に満ちていました。

一五時、奈良の自宅に帰り着く。私の初めての秋の歩き遍路は終了しました。

帰宅してのその後

帰宅してからは、とにかく休養と膝の安静に努めました。過去の経験から「日にち薬」という感覚があり、一〇日間ほどおとなしくしていました。

そして、もうそろそろ大丈夫だろうという思惑で、久しぶりに趣味である釣りに出かけました。私の場合の釣りというのは「海上釣り堀」といわれる所での釣りです。文字通り、海上にあるいけすにタイ、シマアジ、メジロ、ヒラメ等の高級魚を放流してくれ、それを狙うものなのですが、結構運動量があり、足腰を使う釣りです。

時に釣り仲間とも行くのですが、この日は単独行でした。となれば、深夜に起きて一人で片道二時間半ほど運転し、重い荷物を持っての移動をも伴います。結局、この日の行動で膝はまた元に戻ってしまいました。

結局正月明けまで再びおとなしくしていたのですが復調の兆しがみえず、近所の整骨院に治療してもらうというより、アドバイスを受けに行きました。

私は二〇代後半からの腰痛持ちで、その経験上整骨院へ通っても根本的に治癒するという考えはありませんでした。

整骨院の先生曰く、「筒居さんの場合、左のふくらはぎの筋力が非常に弱い。これさえ改善すれば問題はない」ということでした。それを聞いて喜んだものの、先生からはそのためにこのトレーニングをどれほどしなさいとか、そういう具体的な指示、アドバイスはありませんでした。

「関節、筋力の状況というのは人それぞれで、プロのスポーツ選手ならトレーナーが個別に付いて指示もできるだろうが、自分たちにはそういうことはできない」とのことでした。

結局、先生の言われることを自分なりに咀嚼してやるしか方法がなく、やり過ぎて腰を痛めたり、また落ち着いたところで少しずつやり始めても違和感を覚えたりと、やることなすことうまくいきませんでした。

最後には、「筒居さんの話を聞いていると、多分に精神的な要素を感じます。例えば交通事故で右腕を亡くした人が、右手の指先が痛むと訴えることがあります。あまりに神経質になり過ぎているのではないですか。関節にはほとんど問題はありませんよ」と言われてしまいました。

もう私に対してはアドバイスのしようがない、対応できないという意図の言い換えであるのだなと判断しました。これにより、この整骨院をあきらめました。

その後、かかりつけ医のもとを訪れた際に事情を話してみたところ、現在お世話になっているN接骨院を紹介されました。

かかりつけの先生は私が特に信頼をおいている医師で、その先生が「おそらく奈良で一番と思う」とまで言われたことに信を置き、通い始めました。

その接骨院の先生も、「とりあえず一一月に残りの一週間余りを打ち切りたい」という私の言葉に、十分行けますとの返事。その言葉で希望の光が見えたことにより、この文章を書き始める気になったという次第です。

今、この文章を書いているのは二〇二一年六月五日です。本当に徐々にではありますが、改善が感じられるようになってきました。もう、この先生の治療、リハビリで駄目なら他のどこに行っても駄目だと感じています。

とにかく、一一月の一週間で残りを打ち切る。それがとりあえずの目標です。

そして、できればその後も春、冬、夏と歩き続けたいと考えています。

膝の状況によっては、今お世話になっている先生には目標の完結まで、トレーナー的存在になってもらおうとも考えています。

「失敗でやめると失敗になる。成功できるまでやり続ければ成功になる。つまり、成功を引き寄せるポイントはただ『あきらめない』その一点だけです」「目標こそ一定不変なら大丈夫。それが失敗続きであっても、目標をもってその達成に突き進んでいく人間にとっては、目先の失敗は方法論の誤りに過ぎない」という言葉を信じて。

秋の遍路再出発まで（一喜一憂の日々、N接骨院のこと）

N接骨院の門をたたいたのが四月二〇日のことでした。最初、私の歩き方を見ただけで「炎症を起こしてますね」といわれました。今までのいきさつ、今後の自分の希望を話し、先述のように「十分行けます」という言葉をもらいました。その日は湿布を張ってもらい、さらに一週間分の湿布を持ち帰りました。

こうしてN接骨院との付き合いが始まりました。しかし、それからの半年余りは膝の調子はなかなか一筋縄にはいかず、副題に「一喜一憂の日々」としましたが、「一喜三憂」くらいの感覚でした。先生は「膝というのは一度痛めると復調させるには時間がかかる」とよく言われました。しかし、「筒居さんは大丈夫」とも言われていました。

そうは言われても、歩いていて違和感や痛みを感じると、「ちょっと無理かな」とか「やはり駄目かな」と思ったことは数知れません。

接骨院では、患部に電気、超音波を当て、全身のマッサージを受け（ここまでは若いトレーナーがやってくれます）、先生に膝の状況をチェックしてもらうという段取りです。

また、私の歩き方を動画で撮影してその癖を指摘してくれました。さらに、私が履いている靴とソールを見てくれました。最初に述べたように、アルペンで購入したソールを帰宅後もそのまま普段履きとして使っていました（靴は底がすり減っていたので同じものに買い替えていました）。そのソール自体が私の足に合っていないものだし、切り方も間違っているという指摘でした。そのため負担がかかり膝を痛めた可能性が高いということです。

これを履き続けていると治るものも治らないということで、普段履きのためのソールを新たに購入しました。

五月六日、一一月に向けての先生が考えるタイムスケジュールを聞かされました。

一三日からは併設しているジムでリハビリスタート。最初何回かは、トレーナーが横に付いてくれました。

そして、それまで週一回だった通院を二回に増やしました。

しばらくして自宅においても、超スロー散歩から再開。時間は三〇分程度、時速二・五

㎞の世界です。

リハビリをしたり歩いたりすると、違和感というか軽い痛みが出ます。それを先生に訴えると、「歩くことは膝には負担になるだけで関節や周囲の筋肉の強化にはならない。リハビリをしたら違和感や痛みが出るのは当たり前、あまり気にしないように」と言われました。

それまでの自分の考えとして「痛みが出たら無理をしてはいけない」ということが頭にこびりついていたのですが、「目からウロコ」でした。

また、今の私の膝の状態では正座はしないこと（昨年の遍路から帰ってからも、私は毎朝五分程度ですが仏壇の前で正座して経をあげていました）、絶対的に良くないのが女性座り、可能であればあぐらもかかない方がいいとも言われました。これを聞いてからは仏壇の前には椅子を置くようになり、あぐらも極力かかないように心がけ、膝をねじる、ましてその状態で体重を掛けることがないよう気を配るようになりました。

そんなこんなで一カ月が過ぎた六月中旬、膝の調子は良くなり普通のスピードで四〇分以上歩けたり、朝夕二回歩く日もあり、「復活したか！」と喜びました。しかし、調子が良かったのは二週間程度で、七月初めにはまた違和感が出てきました。

そして七月下旬から八月上旬にかけても同じ経験をします。先生からは「こういうことを繰り返しながら徐々に良くなっていくんです」と言われました。

八月下旬、一一月の出発までそろそろ日数も少なくなってきて、ここに至っても好不調を繰り返す膝に不安を持っていた私は、先生に「今の段階でこの状況では、一一月はやはり無理でしょうかね」と正直なところを吐露しました。それを聞いた先生は、それまでのリハビリメニューからより圧を掛けるトレーニングメニューに変更されました。

さらに、この段階では自宅での歩きも散歩というレベルではなく、ウォーキングといえるものになっていたのですが、サポーターを装着し時間、距離を延ばすことになりました。そして九月九日、先生から「筒居さんの今の膝の状態は朝夕八〇分歩こうが全く問題はない」と断言されました。

八〇分という時間のことですが、去年の秋の遍路出発前もそうだったのですが、私が日々ウォーキングの場所にしているのが自宅近くにある馬見丘陵公園というところです。美しく整備された結構広い公園で、それを一回りするのにかかる時間です。去年、最終準備として荷物を背負って八〇分を朝夕二回歩いていたわけです。

これほど長く、しかも頻繁に接骨院に通っていると、当然マッサージの最中やら膝の調子を診てもらうときにいろいろな話をします。その中で先生ご自身の話にもなった際に聞いたのですが、先生は元サッカー全日本代表のトレーナーであったとのこと。

かかりつけ医が「おそらく奈良で一番だと思う」と言ったと先述しましたが、合点がいきました。

その先生が「断言」されたわけで、私としては、思いっきり背中を押された気分でした。

今から考えれば、ぐちぐちと弱音を吐いてばかりいる私に、「喝」を入れる必要があると思われたのかもしれません。全日本のトレーナー時代、尻込みする選手にきついトレーニングを指示することもあったと仰っていました。また、それほど専門職として私の膝の状態は良好であることを確信もされていたのでしょう。

また、これは極めてスピリチュアルな話になってしまいますが、実は九月九日というのは昨年亡くなった叔母の命日なのです。叔母といっても義理の叔母で、血が繋がっていたのは妻です。

叔母は七人兄弟だったのですが、終戦時北朝鮮で暮らしていました。終戦直後の混乱時に姉と二人の弟を亡くしています。残った四人はなんとか帰国できてそれぞれ結婚したわけですが、子に恵まれたのは三男であった兄（妻の父）だけで、しかも一人っ子でした。

兄三人や夫が次々に無くなり、叔母としては頼れる身内は姪である妻とその夫である私だけになってしまったのです（叔母と私は義理の関係ですが、結構気が合いました）。その妻が逝った後は、結局私が後見人というか保証人というか、そういう立場になっていたのです。老人ホームに入居していて、電話での話し相手になったり、月に一度は気晴らしにドライブに連れ出したりしていました。

去年、出発の日が少し遅かったのは親族の法事のためと書きましたが、この叔母の満中陰と納骨の日だったのです。

前置きが長くなってしまいましたが、その叔母に「譲二さん、なにをぐずぐず言ってるの！　しっかりしなさい！」と、先生の口を借りて言われたようにも感じられたのです。

先生の自信に満ちた「断言」は、私にとっては「天の声」となりました。

翌日からは一一月七日を出発日とし、可能な限り朝夕二回歩くことにしました。最後の一週間は荷物を持ち八〇分を二回歩くことから逆算し、徐々に歩く時間を延ばす計画を立てます。

それでも九月中は調子が良い日が多かったのですが、不調な日もあったりもしました。そういう日は先生との話では、どうしても弱気が出ます。その都度、先生は言葉を換えながら励ましてくださいました。

一〇月からは、不調な日はなくなりました。一五日から先生の考えるスケジュール通り、新しい靴（物は以前と同じ。昨年の秋に帰宅して、靴自体は良いと思っていたのでさらに二足買ってありました）に新しいソール（やはりスーパーフィート、昨年履いたものとは別タイプ。先生が私の足に合うように切ってくれました）を入れたもので歩きだします。

私自身のスケジュールにより、ウォーキングの時間も八〇分までいきました。

そして、さらに膝に圧がかかるトレーニングメニューが加わります。先生が新しく導入したスペイン製のもので、先生自身やトレーナーの方も試したらしいのですが、翌日は筋肉痛になったそうです。私はさほどではありませんでした。

「筒居さんがやっていること、これからもやろうとしていること（歩きでの四国通し遍路のこと）は、もうアスリートの世界。それなりの準備とケアがいる」と言われました。

これは私もそうかなと思います。八八カ所を通しで歩き切れる遍路は二割といわれています。

一〇月下旬、いよいよ出発が近くになってきていろいろ計画する中で懸念材料になってきたのが、二日目の六六番雲辺寺からの下りです。このお寺は標高九〇〇ｍほどのところにあります。上りは大丈夫だと思うのですが、問題は下りです。せっかく半年間準備してきて二日目でアウトになりはしないかという不安です。しかし、下り側にはロープウエーが懸かっています。乗ってしまうとその部分だけ歩き遍路は途切れてしまうのですが、今の状況では大事を取った方がいいのではないかとも考え、先生に相談してみました。

しかし、先生曰く「全く問題ないです。まあ、富士山から下りてこようというのなら別ですが」。この先生は、万事こんな感じです。

話は変わりますが、先述している去年の出発にあたり背中を押してくれたテレビ番組『激走！ 日本アルプス大縦断』のことです。

その二〇一六年のレースを紹介した番組が再放送されていました。これも録画して、やはり何十回も見返しました。二〇一二年、二〇一八年の番組と同じように、出場選手三〇名余りから何名かに密着取材しています。その中に二〇一六年時で四九歳、一〇年前からこのレースに参加し今回が四度目の挑戦。上位を狙うほどの実力はなく、ただひたすら八日以内の「完走」を目指している選手がその一人でした（二〇一二年、二〇一八年も短時間紹介されていた）。過去三回はいずれもタイムオーバーで失格。今度こそと仕事も辞め貯金を切り崩しながらの生活。コースの下見を何度もやり、水分を支障なく補給するため自販機の位置まで書き込んだ独自の地図を作成するほどの徹底ぶり。

その彼が「できないとは思っていない。やればできる。可能性があると信じている。可能性がある以上、あきらめる理由がない」と語っていました。さらに、「やはり、こういう目標があるからこそ日々の生活にも張りが出てくる」とも述べています。私も同様に思います。

彼はこの年に完走を果たしています。

ちなみに二〇二〇年大会はコロナのため延期。二〇二一年は実施されましたが、台風のために二日目で中止されました。

一〇月二六日朝、リュックとウエストバッグを身に着けて歩いてみたのですが、全く問題なし。

当初の予定ではこの後一〇日ほど様子を見る心づもりだったのですが、「これなら十分行ける」という感触がありました。天気予報を見てもしばらくは安定した天候が続くともあり、モチベーションが上がっている今がタイミングだと判断。去年リタイアした所までの交通手段、控えめのスケジュール、宿の想定と手配、留守中のことなど、一気に準備を進めました。

そして二八日、先生に明日からの出発を伝えました。いきなりのことで先生も多少驚かれていました。宿に着いたらアイシングをすること、床に就く前に貼る湿布ともしも痛みが出た場合のロキソニンテープ、併せてふくらはぎや太ももに塗るマッサージジェルを戴き、院を出るときは先生とトレーナーお二人に丁重に見送ってもらいました。

二九日出発。まさに「電光石火」の如くでした。

秋の遍路ＰＡＲＴ２（二〇二一年一〇月二九日〜一一月八日）

再出発

一〇月二九日、自宅からＪＲ難波駅へ、そして松山行き高速バスに乗り込みます。

三島・川之江インターチェンジで降り、タクシーで伊予三島駅へ。伊予三島駅から予讃線に乗り、三駅目の伊予土居駅で降ります。この日は昨年の最後に連泊した旅館「つたの家」に泊まります。この日は移動日です。

昨年いろいろ話をした若女将は、前日二度

出発前日の写真

目のワクチンを接種したために休養していて不在でしたが、大女将は私のことを覚えてくれていました。

一〇月三〇日、七時三〇分「つたの家」発。五〇〇mほど戻る形になりますが、四国別格二〇霊場一二番延命寺に参拝。リュックと金剛杖はいつものように境内のベンチに置き、参拝後納経所に行くと、人懐っこい住職といろいろと話。ひとしきり話をして墨書授印してもらう段になりました。私の納経帳はもちろん四国八八カ所用のものです。八八カ所以外のお寺に参拝した場合、八八番の後に数ページ分の余白があるので、そこにしてもらうことになります。そのページには一二番焼山寺の前にある柳水庵、浄蓮庵の朱印が押されてあったのですが、これを見た住職曰く「歩きですか！　これは失礼しました（両方とも歩きでしか行けない）」。完全に私のことを自動車で巡っている遍路と思っていたらしいのですが、私はそう思われて当然だと思いました。さほど日焼けしているわけでもなく、全く歩き遍路のオーラが出ていなかったはずです。

一年ぶりに白衣を着て菅笠をかぶり、金剛杖が地面をたたく音、杖に付けた鈴の音、そしてリュックがきしむ音を聞きながら遍路道を歩く感触は、何ともいえないものがありました。

　ありがたくないことも昨年と同じです。トイレの件です。国道一一号線に並行する遍路道を歩いていたのですが、その気配がやってきました。このまま遍路道を歩いていても店などもないので国道へ。しばらく行くとガソリンスタンドがあったので、そこで借用し、また遍路道に戻ります。国道と交差するところでタイミングよくラーメン屋を発見。ここの塩ラーメンは美味しかったです。

　地図を手に持ち遍路道を確認しながら歩みを進めていましたが、高速道路の下をくぐったところで「もう大丈夫」と思い、地図をウエストバッグにしまい、遍路標識を頼りに行くことにしました。これが失敗でした。真新しい標識が現れそれに従い右へ、さらに獣道のようなところにもしっかりと遍路マークが。しかし、その後がないのです。ちょうど車の中で休憩している作業員の方がおられたので聞いてみると、「三角寺方面へ行けないことはないと思うが、戻った方が分かりやすい」とのことでした。

　戻ってみると、その後はきっちりと地図通りの標識が現れました。こういうこともあります。

　時間にすれば一五分程度のロスでしたが、上り下りであっただけにちょっと不愉快でした。

この日の行程ですが、本来なら六六番雲辺寺への登山口にある民宿「岡田」まで行くところなのですが（昨年もその予定で宿泊予約していた）、負傷明けの初日ということから無理せず、途中にある宿に一旦下りることにします。

六五番三角寺は標高三五〇ｍほどあります。その下りで結構急な部分があり、やはりそこで膝に違和感が走りました。

一六時、「一野屋旅館」到着。接骨院の先生の指示通り、女将さんに氷をもらい、膝をアイシングします。久しぶりの長距離歩行で少し疲れました。

「夏の歩き遍路」はあきらめる

一〇月三一日、この日の移動距離は一〇㎞ちょっとなので、ゆっくりと八時三〇分に旅館を出発しました。一時間一五分ほどで別格一四番常福寺（椿堂）着。ここのお寺は歩き遍路からは納経料は受け取らず、さらにペットボトルのお茶のお接待までありました。こんなお寺も初めてです。

納経を済ませた頃から小雨が降りだし、お寺の休憩所でやむのをしばらく待ちましたが、その気配がなく、雨具を取り出します。昨年の経験から今回はポンチョを持参しました。胸の下くらいまでボタンが付いて開閉できるので、リュック、ウエストバッグを付けたままますぐに着られるので便利です。リュックやウエストバッグにザックカバーを付ける手間も省けます。断然これに限ります。

今回は雨具を変えたこと、予備のソールは持たなかったこと、パジャマの上は持たなかったこと、リュックのザックカバーは持たなかったことなどにより、若干リュックは軽くなり容量に余裕もできました。

遍路休憩所

昼前に遍路休憩所があったので、コンビニおにぎりで昼食兼休憩。

そこで今回の遍路旅で数多く同行することになるＹさんと出会います。さらにＹさんと前日同宿であったＯさんが追い付いてきました。しばらく三人で話します。Yさんは今回が一八回目の歩き遍路の大先達。Oさんは「二年前に膝を潰してしまい、ようやく回復したので今回の歩き遍路に出てきました。一二番焼山寺、二〇番鶴林寺、二一番太龍寺の下りではかなり苦戦しましたが、その後はなんとかここまで来れました。しかし、今日の三角寺からの下りの急な部分では後ろ向きに下りました」とのこと。それでも明日の六六番雲辺寺からの下りも、ロープウエーは使うつもりはないとのことでした。

ひとしきり喋った後、三人でスタート。Oさんは上りは強く、あっという間に見えなくなりました。下りとなってさほどの傾斜でもないのに、なんとなく膝に違和感を覚えました。

この程度の坂で違和感が出るようでは無理はしない方がいいと判断。誠に残念ですが、明日の雲辺寺からの下りはロープウエーを使うことに決めました。

Yさんとはほぼペースが同じなので一緒に歩きました。その話の中で、自分は春夏秋冬の歩き遍路を考えていること、しかし真夏については二回に分けての「つなぎ」を想定していることを話し、Yさんの意見を求めました。Yさんは一度だけ、つなぎで真夏に歩いたことがあるとのことでしたが、「二度とやりたくない」とのことでした。

昨今の真夏の暑さは、皆さんもご承知の通り。何もしないでただいるだけでも、時に息苦しささえ感じる日があります。そんな中「つなぎ」とはいえ、歩き遍路の実行は相当困難であることを覚悟していた訳ですが、過去一七回の歩き遍路の経験のあるＹさんの言葉はずしりときました。

一三時三〇分、早々と民宿「岡田」到着。夕食はＯさん、Ｙさん、私の三人。宿のご主人が給仕してくれ、いろいろな話も聞かせてもらいました。その際、私はＹさんにした同じ質問をしてみました。ご主人曰く「真夏は直射日光もすごいが、アスファルトの照り返しが半端ではない。避けた方がいい」とのことでした。何十年も遍路宿を営んできたご主人の言葉もまた重たいものがありました。

仮に天気予報で最高気温が三五度であっても、日が当たっているアスファルトの道路上は五五度、膝より下は七五度になるとも聞いたことがあります。

このお二人の話から、真夏の遍路はバイクに変更しようと考え直しました。

早や、心は来年の春遍路へ

一一月一日、七時民宿「岡田」出発。ご主人に雲辺寺までの到達時間を聞くと、二時間～二時間半とのこと。私は二時間半を目標に上り始めました。出発してしばらくして、遅れて宿を出たOさんに抜かれます。しかし、結局雲辺寺には二時間で到着。登りについては人並みに進め、膝にも全く問題はありませんでした。これなら下りもいけるかなとちらっと頭をよぎりましたが、ロープウエーに乗ります。ロープウエーからの景色を見ながら、「これを今の自分の膝で下りるのはやはり厳しい」と自らに言い聞かせていました。

これも冒頭で紹介したNHKの番組『グレートトラバース　日本百名山一筆書きの旅』では、旅人である田中陽希氏は全て自分の足だけで踏破。海を渡る部分はカヌーを使用するというものでしたが、ただ一回だけ如何ともし難い理由のため、黒部湖を渡るのに五〇〇ｍだけ渡し船を使用しています。そのシーンを思い出していました。

一〇分もかからず山麓駅まで下りてしまいました。それまでは葛藤がありましたが、下りてしまうと意外にさっぱりしました。そして、この後の行程で膝を痛めることはないだろうと思うと、心は早くも来年の春の遍路を考えていました。

昼頃、四国別格二〇霊場一六番萩原寺到着。三日連続で別格のお寺を参拝したことになります。これはあくまで道中にたまたまあったというだけで、意図的にお参りしたわけではありません。

一三時三〇分、この日も早々と本日の宿「かんぽの宿　観音寺（現・亀の井ホテル　観音寺）」に到着。この宿も三回目です。

町中にあるのでロケーションは良いとは言えませんが、部屋、温泉、料理はなかなかです。

久しぶりの山登りで結構疲れ、前日よく眠れなかったこともあり、布団を敷いて少しウトウトしました。

油断からちょっとしたアクシデント

一一月二日、宿の朝食が七時三〇分からと遅かったため、部屋に戻ってもゆっくり準備をすると、出発は八時三〇分になりました。ここからこの日のちょっとした失敗が始まりました。

今回の行程は一日の移動距離も抑え気味です。二五㎞を超える日はありませんでした。

この日は二〇㎞のつもりでした。これが誤っていました。二〇㎞というのは前日に六七番大興寺を打って宿に入っての距離だったのです。それが頭から抜けていてユックリズムで同寺参拝。六八番神恵院、六九番観音寺は同一敷地内に二寺があるという珍しい札所で、境内に食事処もあり、ここでも昼食、大休止、ゆっくりと参拝、遅れてやってきた歩き遍路といろいろ話したりと、相当の時間お寺にいました。そこを出発したのが一四時でした。

七〇番本山寺へ向かう途中で地図を見ていると、思いの外距離が残っていることに気付きました。この日は七一番弥谷寺まで参拝し、すぐ近くにある温泉施設に泊まる予定だったのですが、参拝など無理で宿に到着するのもかなり遅くなることがわかりました。

その後は、膝が許す限り、トップスピードで先を急ぎます。本山寺でもリュックを下ろさず急いで納経し、宿を目指しました。ここで国道一一号線を通るか、それと並行する遍路道を行くかで迷いました。確実に道に迷わず行けるのは国道ですが、とにかく車の交通量が多くうるさいし若干遠道になります。遍路道は地図で確認しながら行かなくてはならず、先述のような訳のわからない標識で迷う可能性があります。その分岐まで来て、いい加減車の騒音に辟易していたため遍路道に入りました。途中道を確認したおじいさんにも、「国道を通ればいいのに」と言われてしまいました。結局立ち止まって道を確認したり、人に聞いたりしたので時間的には差異はなかったと思います。

なんとか明るさが残っている間にバイクで通ったことのある県道に出ました。これで一安心、今夜の宿「ふれあいパークみの」到着が一七時四〇分。

真っ暗でした。去年の遍路でも遅くとも一七時までには宿に入っていたので、少し焦った三時間ほどでした。

札所のつるべ打ち

一一月三日、前日の失敗に懲りて出発の準備をして荷物も持ち食堂へ。朝食を取ってそのまま宿を出発したのは八時でした。この日は前日参拝できなかった弥谷寺からスタートして七か寺を回らなくてはいけないので、急ぎます。結局昼食も取らず、休憩といえばお寺のベンチでの小休止程度でした。

七七番道隆寺近くの民家から、おじいさんから「お遍路さ〜ん」と声をかけられます。

出て来られ手渡されたのは、親指の第一関節くらいの手作りのお地蔵さんでした。

今回の旅で初めてのお接待。いつものようにお礼に納札を渡す。後日耳にしたのですが、このおじいさん自作のお地蔵さんは結構有名だそうです。今回の遍路のありがたいお土産になりました。

一六時三〇分、丸亀市街にある「アパホテル　丸亀駅前大通」に到着。このビジネスホテルは最上階に大浴場があります。満足に身体を洗いにくい部屋のユニットバスと違い、足を伸ばしてゆったりお湯につかれるのは有難いです。

夕食はホテル裏側の居酒屋で済ませました。


一一月四日、この日は半分休養日です。ゆっくりと準備し、九時にホテルを出発しました。

七八番郷照寺を出たところで、やはり「お遍路さ～ん」と呼び止められました。私の姿を見た近所のおばあさんたちです。お饅頭とコーヒーのお接待を受けます。結局これがこの日の昼食代わり。次の札所天皇寺の手前でも、対向車線の歩道を歩いていたおばあさんから手招きされ、アリナミンのお接待を受けました。

天皇寺では珍しく、バスによる団体遍路二組に挟まれる形になりました。一組目とほぼ同時に私も到着し、私はベンチで休憩。その間にその団体は本堂、大師堂で納経していま す。

団体を誘導している先達の納経の読み上げ方もそれぞれで、タイミングが良ければそれを聞かせてもらいます。時に聞きほれる先達もおられます。

さて、一組目が終わったタイミングで私も納経。そのあと二組目の団体がやって来ました。納経所に行ってみると、その二組目の団体の添乗員が二〇冊余りの納経帳を積み上げていました。仕方なく後ろに並ぶ形になったのですが、その添乗員が小声で「(書いている人の目に届く）こちらで立って下さい」と言ってくれました。私の姿を認めた書き手の方は、すぐに「先に書きましょう」と言って下さいました。添乗員にお礼を言って納経所を出ます。

一五時、八〇番国分寺のすぐ近く、八一番白峯寺への上り口にある「えびすや旅館」着。

この宿でYさんと再び同宿になります。その他、東京から車で巡っているご夫婦と四人で楽しく夕食。そのご主人の方の家が真言宗豊山派の檀家ということで、四国を巡った後、高野山と豊山派の総本山である長谷寺に参拝する予定だと言われていました。

実は、我家も豊山派のお寺の檀家なのです。筒居家の何代か前からの先祖、祖父母、両親、そして私の妻と娘も同寺に納骨しています。

寺院巡りの歴史の古さからいえば、やはり四国八八カ所と西国三三カ所です。長谷寺は西国三三カ所の八番札所ですが、これを創始したのは時の長谷寺の住職であったそうです。

幸いにも私の自宅から車で四〇分ほどで行ける場所で、大変趣のあるお寺です。私が使用している数珠は、長谷寺で購入したものです。

一一月五日、七時にYさんと「えびすや旅館」を出発。この日はほぼ一日、Yさんと行動を共にしました。八一番白峯寺への上り、八二番根香寺からの下りは結構しんどかったのですが、雰囲気のある遍路道でした。両寺の途中にある一九丁では無人のお接待場所がありました。缶入りのコーヒー、お茶、ジュースが多数置かれていて、自由に飲んで下さいというものです。

結構険しい遍路道中であり、よくここまで運んできたものだと感心しました。結局そこで歩き遍路たちが休憩することになり、私とYさんを含め六名の遍路たちが一緒になりましたが、皆が皆こんなお接待は初めてだと言っていました。

五色台にある食堂で昼食を取っていたら、地元の人から缶コーヒー、お茶のお接待を受けます。

八二番根香寺を下りてから八三番一宮寺までの道のりは長く、まさに迷路のようでした。詳細に遍路マークが張ってあったので道に迷うことはありませんでしたが、地図だけでは到底無理だと思いました。

その途中、またまた地元のおばあさんから現金一〇〇〇円のお接待を受けます。現金のお接待を受けることは昨年の遍路でも間々ありました。しかしその額は一〇〇円から二〇〇円であり、それでもありがたいと思ったものです。この日の金額は破格でした。それでもおばあさんは「年金生活じゃけ、この程度しかできんけど」と言われながら差し出されました。

さすがに辞退したのですが、持たされてしまいました。その一〇〇〇円札は使わず、お守り代わりに財布に入れてあります。

一宮寺でＹさんと別れ、一七時にこの日の宿「天然温泉きらら」の宿泊施設に入りました。

「カニ足」、「後ろ向き」で遍路道を下る

一一月六日、七時に宿を出発。高松市内で少し迷いました。遍路道を歩こうとしたのですが、結局ややこしいことをせず、国道一一号線にぶち当たり八四番を目指すのが正解だと思います。しかし、幹線道路ではなかなか休憩する場所がありません。この時は琴平電鉄の無人駅「松島二丁目」駅で休憩。自動販売機とベンチがあって、格好の休憩場所でした。

八四番屋島寺への上り下りは、距離はさほどではないのですが結構きつかったです。上りと同様下りも急こう配で、獣道的な遍路道はカニ足で、その後コンクリートの道に変わるのですが、車がほとんど通らないので後ろ向きに下りました。この方法は効果的だと思います。あの急こう配を真正直に下りていたら、膝を痛めていた可能性大だと思います。

八五番八栗寺からの下りもそうです。下りのこう配二一％という標識がありました。こんな標識は初めて見ました。

この日は、標高はたいしたことはないのですが、アップダウンがきつかったのが堪えました。

本来なら八六番志度寺に参拝して宿に入るつもりでした。宿から寺まで四〇〇ｍの距離なのですが、それを往復して参拝しようという気力がわきませんでした。

一六時、「いしや旅館」着。部屋に案内されて畳にへたり込みました。今回の旅で最もしんどい一日でした。

ついに結願

一一月七日、七時に宿を出発。八六番志度寺参拝後、八七番長尾寺近くでＹさんに追いつきます。

長尾寺参拝後、いよいよ結願寺である八八番大窪寺を目指します。

県道三号線を歩いていると対向車が止まり、ドライバーから缶コーヒーのお接待を受けました。その方からこの先にある「お遍路交流サロン」で、歩き遍路には記念のバッジが戴けることを教えてもらいました。

途中三号線と並行する遍路道を歩いていると、ある石像に目が留まりました。四国には無数の石仏があるのですが、石仏ではありません。男女が交合している姿をかたどった石像です。相当古いものです。しばらく立ち止まって見ていました。こんなものは初めてです。一心寺から梅ケ畑の間にあります。皆さんも見つけてみてください。

「お遍路交流サロン」で、Yさんに追いつきます。ドライバーが言われた通り、記念のバッジ、さらに「四国八十八ヶ所遍路大使任命書」なるものも戴きました。

書かれてある文章は「あなたは四国八十八ヶ所歩き遍路約一二〇〇㎞を完歩され、四国の自然、文化、人との触れ合いを体験されたので、これを証するとともに、四国遍路文化を多くの人に広める遍路大使に任命致します」というものです。

これも良い記念品となりました。是非立ち寄られることをお勧めします。

その後はYさんとほぼ同行動で、県道三号、遍路道、国道三七七号、また遍路道といったルートを歩きます。そして大窪寺到着。人によっては到着すると泣き出してしまうという方もおられるとも聞きますが、私の場合特に強い感慨はありませんでした。

過去に五回車やバイクで巡っていること、去年途中リタイアし「通せなかった」ことがその理由だと思います。

納経所で、「結願証」を購入しました。車やバイクで巡っていた時に気になっていたものです。車やバイクでの結願では価値がないと、購入していませんでした。

今回も「つなぎ」になってしまったこと、途中ロープウエーを使ったことから、真に歩きで通し切ってからにしようかなとも考えましたが、それができる保証はありませんので、今回購入することにしました。

一六時三〇分、民宿「八十窪」に入ります。結願したらこの宿に泊まりたいと思っていましたので、行程に目途が付いた数日前に予約してありました。大窪寺周辺には門前にあるこの宿しかないのです。それでも満室といわれるのではないかとも思っていましたが、空いていました。これはコロナのためだと思います。若女将、大女将の優しい対応、部屋もきれいで、夕食時には結願祝いに赤飯が出ます。歩き遍路には大人気の宿です。私も三度目です。

結局、この日の宿泊者は私、Ｙさん、そして途中休憩所で一緒になったり、道中追い抜かれたりしたＴさんの三人だけでした。

一一月八日、私は初め自宅へ戻る手段としてコミュニティバスでＪＲ高徳線志度駅まで行き、電車で高松駅へ向かい、そこから高速バスに乗るという計画でしたが、コミュニティバスは高松自動車道志度停留所を経由することをYさんから教えてもらいました。そこで、高速バスに乗ればいいわけです。

この日、別格二〇番大瀧寺へ向かうYさん、私、同様に大阪へ向かうTさんを若女将が始発バスが出る停留所まで車で送ってくれました。Yさんは途中下車、ここで彼とはお別れです。

Yさんには、本当に道中いろいろなことを教わりました。お別れした後も、私の今後の歩き遍路で知りたいことがあればお聞きしたいと言うと、名刺をくださいました。

Yさんのことですが、御年七二歳。実は一昨年の遍路中に室戸の宿で心筋梗塞を起こしたそうで、病院に担ぎ込まれ意識が戻ったのは三日後のことだったそうです。

「よくもまあ、遍路道でなくて良かったですね」というと、「まさにそうです」との返事でした。

今回その続きを打っているわけですが、奥さんからはこれを最後にしてほしいと言われているそうです。また、貯金も今回の旅で尽きるとも言われていました。

定年前に三度つなぎ遍路をしてはまってしまい、定年後は通し遍路をしてきたわけですが、退職金の三分の一は家のリフォームに使い、残り三分の二をつぎ込んできたとのことです。

私が「でも、なんとかお金の工面をされて、また来られるんじゃないですか」と言うと、苦笑されていました。

志度停留所でＴさんとコミュニティバスを降り、ほどなくやってきた大阪行きの高速バスに乗り込みます。Ｔさんとは難波で別れ、結局一二時には帰宅していました。

とりあえず、秋の遍路は終了しました。

歩き遍路を通し切ると、金剛杖は一〇㎝ほど短くなると言われますが、私の場合は九㎝でした。

春の遍路出発まで

雲辺寺からロープウエーで下りてきて「早くも、心は来年の春遍路へ」と先述しましたが、帰宅の翌日にはモンベルに行っていました。何を探しに行ったかというとリュックです。

一年のうちでもっとも歩きやすい季節を歩いたわけですが、それでもリュックが密着する背中部分は蒸れを感じ、若干不快でした。

このリュックは妻が生前に使用していた物で、そういう意味での想い入れもあり秋はそれで通しました。

しかし、四月中旬から出発する春の遍路は気候的には当然暑くなり、このリュックは適当ではないと考えていたのです。

通し遍路たちが背負っていたリュックでいいなと感じていたのが、背中と接する部分をフレームで浮かし、リュックと背中との間に空間を作ることで通気性を高めたタイプのものです。

それを探しにやはりモンベルに行ったわけですが、男性用は三〇リットルのタイプしかなく（女性用二五リットルがあったが体型的に合わない）、リュックの下は腰の部分で支える形になります。しかし、その部分には自分の場合ウエストバッグがくる位置と重なり、物理的に無理だと店員に言われてしまいました。

しかし、ウエストバッグの使い勝手の良いことを知る自分にとって、これは外せない。でも背中に密着するリュックも不快。悩んでしまいました。

結局、胴長の私なのでリュックの下の部分は腰の少し上あたりで、ウエストバッグは少し下あたりで装着するという形で妥協しました。


N接骨院へは年内は週一回の通院としていました。その間、来年は春と冬に歩くということから、先生から少し値段は張るが携帯用の超音波器（ファイテン社のボディーエコー）の購入を勧められました。普段、院であててもらっている超音波の強さを一〇とすれば三程度のもので、普段のウォーキングの後などに一〇分間当てるというものです。歩き遍路の際にも携行し、昼食時や宿到着時などに当てると良いとのことでした。

現在、関節や筋肉のケアには単なるマッサージだけでなく、超音波や電気を併用するのが一般化してきており、最近発売されたばかりの小型で充電式のこの製品は私にはお勧めだということでした。私も納得し、購入しました。

ウォーキングも年内は脚力を落とさない程度に五〇分を一回だけとしていました。年が改まり、一月中旬から再び通院を週二回とし、ウォーキングも朝夕二回としました。両足の筋力を測定し、その結果に基づいてジムでのトレーニングが強化されていきます。昨年はあくまで、残り「一週間」を打ち切ることを目標（実際には九日間歩きました）としていたわけですが、今度は一カ月半を通して歩ける脚力を付けることが目標となります。当然、徐々にハードになっていきました。

時間にすると、院に通い始めた頃のリハビリメニューはごく軽いものを四〇分程度でしたが、最終的にはみっちり一時間半ほど取り組みました。

続いて靴の件です。靴についても先生といろいろ話をしました。

私の足を見た先生は、「確かに幅は広いし甲は高いし、この足に合う靴を探すのは一般の人に比べて難しいかもしれないが、筒居さんが言うほどではない」と言われました。それと、靴とソールの選び方、組み合わせ方により足にかかる負担は全然変わってくるとも言われ、知識の浅い私にはなかなかついていけない世界でした。

また、『四国遍路ひとり歩き同行二人【解説編】』に書かれている靴選びのポイントについては、「それはあくまでアベレージ、筒居さんに全て当てはまるわけではない」とも言われました。

さらに、一二〇〇kmの距離を一カ月半かけて歩くという特殊なことをするわけで、これも靴選びを難しくしている要素の一つです。

私は今まで、靴を購入する際にはもちろん実際に履いてみて、店で一定時間歩き回り違和感が出ないことを確認して買っていました。当たり前のことだし、皆さんもそうでしょう。

私の場合、人一倍慎重ではあったことは間違いありません。

しかし、先生の話を聞いていると、「これはもう自分の足の形状、左ひざを痛めたこと、右足の小指に痛みが出やすいこと、歩き方の特徴等を理解してくれている先生に任せた方がいい」と思いました。

院に通い始めた頃はトレラン（トレールランニング）シューズを勧めてくれていました。私はトレランという言葉も初めて聞きました。

去年秋の残りの遍路については私の希望もあり、履き慣れたアシックスの４Ｅの靴でソールだけ変えて歩いたわけですが、今回は打ち通すことが目標です。

先生も私の話だけでなく「歩き遍路」とはいかなるものかを学んでくださったようで、「やはりランニングシューズかな、どうかな」と少し悩んでおられました。しかし、私が下り坂での不安を訴えることから、結局上り下りでがっちり足をガードしてくれるトレランシューズとなりました。

アメリカのＨＯＫＡというメーカーのものです。このメーカー名も初めて聞きました。そのメーカーの幅広サイズの二六・五㎝の靴に、去年と同じスーパーフィートのソールを入れてくれました。先生は私の足には二七㎝は大き過ぎるという見立てです。

それの幅の広い箇所を拡げてもらい履いてみたのが最初です。そのクッション性は「感動的」とも言えるものでした。靴下は五本指のもの一足で、重ね履きはしませんでした。

しかし、それでも右の小指に違和感、さらに今まで経験したことがない左の小指にも痛みが出るという状況でした。この話を聞いた先生は私がジムでランニングしている動画を後ろから撮影され、左足の指の変形により走り方（歩き方）が以前と変わってしまっていると言われました。

普段履きとしては大きな靴を履き続けていた（一昨年、四国から帰ってきた後もその靴を履き続けていた）ことが原因だそうです。このことも私としては「そんなことがあるの？」という感覚でした。

それをまた矯正するメニューが加わり、靴はさらに幅を拡げてもらいます。

それでも、かなりましにはなったもののまだ両小指に圧迫感があることを告げ、今一度指を観察してもらいました。先生曰く「やはり、指の変形が原因。靴の問題ではないし、さらに幅を拡げてみたところで意味はないし、逆に新たな問題が出る可能性がある」とのことでした。出発までできるだけ変形を元に戻すメニューに地道に取り組む、さらに「体の軸を整えて体幹をサポートする」という五本指靴下を紹介され購入。私にとっては「複雑怪奇」な世界です。

極めて微妙な感覚なのですが、出発までに指の違和感があってもテーピングで何とかなるということも理解できたので、ほっとしました。

続いて花粉症対策です。冒頭述べたように私は花粉症もちです。例年と同じく二月初めから薬の服用を開始。しかし、幸いなことに今年は冬の寒さが厳しく、花粉の飛散の始まる時期がかなり遅くなりました。気象情報で「やや多い」という予報までは、丘陵公園でのウォーキングを続けました。そのぎりぎりの日が三月八日で、九日には自宅近くのジムに入会申し込みに行き、一〇日からはジムでのランニングマシンを使ってのウォーキングに変更。

ただテレビを見ながらマシンの上を歩くのは正直退屈でしたが、これは当初の予定通りです。さすがに日に二回歩くのは単調で一回とします。

マシンは時速六㎞に設定。しかし、マシンは地面が勝手に動きそれに足をついていかせるだけ（前方への推進力を使っていない）なので、公園を歩くよりかはエネルギーを使っていないし、アスファルトと違い柔らかいので膝への負担は小さいとは、先生の言でした。

出発三週間前からはリュックとウエストバッグを身に着けて歩きます。

最後に服装と持ち物についてです。冒頭の秋の遍路の時と異なる点を述べておきます。

上衣はワークマンの冷感長袖シャツに半袖ポロシャツ、白衣は袖なし。日焼け防止のため、釣りに使う手袋を着用。下半身の相違点は、靴下を五本指のみにしたことだけです。

持ち物については、

（除いたもの）

シャツ二枚

普通タイプの靴下一足

ラガーシャツ二枚

フリース

パジャマ上

タオル一枚

（新たに持ったもの）

冷感長袖シャツ二枚

半袖ポロシャツ二枚

湿布

テーピングテープ

超小型三脚
超音波マッサージセット一式（本体、充電器、マッサージ用ジェル、ウエットティッシュ）

私が考える歩き遍路の「四種の神器」をご紹介します。まずは靴とソールです。一二〇〇㎞を歩き通すには足回りが最も大切です。次にリュック。冬以外は背中に密着しないタイプ。そして、やはり冬以外はポンチョ。雨の日の快適度が全然違ってきます。

また、初めて「歩き遍路」に挑戦される方は、自宅近辺で一度二五〜三〇㎞を歩いてみられると、距離のイメージ、遍路旅のイメージがつかめると思います。

本来なら、もう少し早めに出発したかったのですが、次女の結婚式があったため、一九日出発となりました。

春の通し遍路（二〇二二年四月一九日～六月四日）

いよいよ再チャレンジ

四月一九日、早朝に自宅を出発し、難波バスターミナルから七時三〇分発の高松行き高速バスに乗り込みました。ここで初っ端から失敗。チケット売り場に前回の旅の内容をメモした手帳を忘れてしまったのです。昨年、一昨年の旅と照合しながら歩くつもりだったのでガックリです。そういえば、前回も初日はアクシデント続きだったのを思い出しました。

済んだことは仕方がない。大体は覚えていますし気を取り直し、トイレ休憩で下車した際、コンビニがあったので新しい手帳を購入しました。

阪神高速が渋滞していたため、一〇時一〇分、高松自動車道鳴門西パーキングエリアに三〇分遅れで到着しました。ここから一・二㎞で一番霊山寺です。

秋の遍路はコスモスと紅葉を見ながら、そしてコオロギの音を聞きながらでした。今回は新緑と田植えの風景を見ながら、そして鶯とカエルの鳴き声を聞きながらのものとなります。

今回から納札の色は、緑色から赤色に変わります。

問題なく、七番十楽寺宿坊に一七時到着。今回の遍路では、特に泊まりたいと思う宿、他に選択肢がない場合以外は、原則としてこれまでの遍路旅とは宿を変えることとしました。

十楽寺宿坊は完全なビジネスホテルです。しかし、二食付きですし宿の方の対応は大変良かったです。

ここで、七日目まで同宿であったり行動を共にする埼玉県からのつなぎ遍路Mさんと一緒になります。

この日から毎日、宿に着いてからの膝のケアが始まります。まず、氷をもらい一〇分間アイシング、その後超音波を一〇分間あてる。そして寝る前に湿布を貼り就寝。出発前にサポーターを着け、スクワットの姿勢、かかと上げの準備運動をして出発。これが毎日のルーティンとなります。

四月二〇日、十楽寺参拝後、八時三〇分同寺出発。

納経所で挨拶を交わした女性遍路とは、一〇番切幡寺までの各お寺で顔を合わすことになり、いろいろと話しました。今まで団体バスや自家用車で巡ったことがあり、今回お試しに、とりあえず一一番藤井寺まで歩いてみようという二泊三日の旅と言われていました。九番法輪寺で一緒になった東京からのKさんと一一番近くまで共に歩く。この方ともこの後何度か同宿になります。

今回は新型コロナの第七波が来るか来ないかという、比較的落ち着いた時期でしたので、一昨年、昨年と比べると、歩き遍路はかなり増加していました。しかし、オミクロン株の特性からバスでの団体遍路は非常に少なかったです。

今回は接骨院でのトレーニングにはかなり力を入れましたが、歩くことについては花粉の関係で以前の二回の遍路に比べると不十分でした。そのため、足は全体的には重たかったです。一一番藤井寺近くの旅館「吉野」に一五時到着。翌日の焼山寺越えのことを考えると、立地的にはこの宿がベストです。

歩き遍路の仲間意識

四月二一日、六時二〇分旅館「吉野」出発。おにぎりを二人前注文しておきました。藤井寺参拝後、七時同寺を出発。本堂脇から遍路ころがし一二番焼山寺へ。藤井寺から同寺までは「健脚三時間、一般四時間」といわれます。一〇時三〇分頃から予報通り小雨が降り出しました。なんとか雨具を着ず、一一時一般のコースタイムである四時間で焼山寺着。

納経所に広い休憩所があるのですが、先着の歩き遍路たちが各自思い思いに、食事を取ったり雨具を取り出すなど出発の準備をしていました。その中に一人、二〇歳位の若い遍路がいたのですが、足を痛めたようです。そうとなれば歩き遍路の仲間意識が働きます。

先述のMさんがロキソニンテープを貼り、テーピングをしてあげました。私は宿で注文したおにぎりの一つを彼に渡し（彼は昼食も用意していませんでした。大きなリュックを持っていましたが、明らかに事前準備不足に見えました）、「退くも勇気ですよ」とアドバイスしました。結局、彼が旅の中断を決めると別の遍路が納経所の方と相談し、下山のバスの手配をして彼に伝えていました。歩き遍路同士というのは、こういう感じになります。

一二時、雨脚がそこそこ強くなってくる中、私もポンチョを着て下山開始。路面が濡れているので、滑らないように慎重に下ります。少し遠いですが途中にある宿は考えず、とても気に入っている神山温泉「四季の里」に一五時三〇分到着。膝への負担はそこそこ感じました。

痛みというほどではありません。強めの違和感といったものでした。

一時は旅の中断を考える

四月二二日、八時「四季の里」出発。いつものようにトイレに行きたくなりました。タイミングよく、小学校の敷地内に一般の人（ほとんどが歩き遍路だと思いますが）も利用できる公衆トイレがあったので借用しました。

一三番大日寺では、昼食（コンビニおにぎり）兼大休止。いつも利用している「名西旅館　花」前を通過します。一六番観音寺近くの旅館「鱗楼」に一五時到着。

明後日の難関二〇番鶴林寺、二一番太龍寺越えには朝早くに登山口を出発しなければばいけません。一昨年は登山口にある「金子や」に泊まったのですが、現在は休業中とのことで、利用できるもう一軒の宿「ふれあいの里さかもと」をなんとか予約できて、ほっとしました。

夕食時、また同宿になったMさんといろいろ話しました。しかし、夕食後に思わぬハプニング。

いつものようにハイボールを飲むためグラスを借りに食堂に戻った際、段差で転倒してしまったのです。かなり派手にこけました。膝を痛めている左足全体と右足のふくらはぎに強い痛みを感じました。足を引きずりながら部屋に戻り様子をみます。結局この夜は、左足は太もも、膝、ふくらはぎ、右足のふくらはぎに湿布を貼って横になりました。

四月二三日、朝起きると、立ち上がるのもひと苦労、二階から食堂へ下りるのもひと苦労。この時は「これはダメだ」と思いました。朝食時、Mさんに事情を話します。「とりあえず一七番井戸寺までは歩いてみるが、おそらく駄目だろうから、そのまま徳島駅に向かい高速バスで一旦帰宅する」と伝えました。

Mさんは今回が初めての歩き遍路（通しではなくつなぎ）で、いろいろと聞きたいこともあるからということで、電話番号も書き添えた納札をお互い交換しました。

七時、「鱗楼」出発。しかし、歩き始めてみると意外と普通に歩けるのです。特に心配した膝は、転倒の際無意識にかばったのでしょうか、違和感はあるものの痛みは出ません。そうこうしているうちに井戸寺到着。少し経って、遅れて宿を出たMさんも追いついてきました。当然、旅の続行を決断。しかし、この日宿泊予定の宿「ふれあいの里さかもと」までは、とてもたどり着けないと判断。また、天気予報も明日は一日雨を報じていて、雨の中をこの膝の状態で鶴林寺、太龍寺越えは無理とも判断。この日はMさんが予約している一八番恩山寺近くの民宿「ちば」までとし、その後の「ふれあいの里さかもと」、民宿「山茶花」を両方とも一日後ろへずらせることもできました。やれやれです。

恩山寺へは前回通った味気のない国道一九二号線と五五号線を通るコースはやめ、県道二〇三号、一三六号を通るコースを歩きます。恩山寺を参拝し一四時四五分、民宿「ちば」到着。

結局、Mさんとは井戸寺からは行動を共にしました。でもやはり、移動距離を短縮してもきつく感じた一日でした。二日目に出会ったKさん、そしてもう一人群馬からのTさんと四人で楽しく夕食。

遍路旅で初めて右足の小指にマメができました。つぶれないようにテーピングをします。この日、杖に付けていた鈴を失くしてしまいました。その音色が気に入っていただけに残念でした。

四月二四日、朝から雨。この日は「ふれあいの里さかもと」までのわずか一四㎞で、半分休養日です。宿の主人から「さかもと」の車が迎えに来てくれる道の駅「ひなの里かつうら」では、ラーメンやうどんが食べられると聞いたので、昼頃同地に着くよう逆算し、四人の中で一番最後、八時三〇分、民宿「ちば」を出発しました。

一九番立江寺を参拝し、一二時計算通りに道の駅到着。Mさんはすでに到着して食事も終えていました。久しぶりにラーメン定食の昼食。その後Kさんも到着し、大休止後「さかもと」に連絡し、迎えに来た車に三人して乗り込みます。

一四時二〇分「さかもと」着。この宿は廃校になった小学校をリニューアルしたもので、とてもユニークです。部屋には校長室、職員室、図書室、音楽室、そして各学年の教室の札が掛けられてあり、広くてきれいです。「金子や」が休業していることもあり、明日鶴林寺、太龍寺を越える歩き遍路が一〇名ほど集まりました。夕食時、皆といろいろ話します。

夕食後、今回の旅をあと二日で終えるMさんが、次の高知県の宿について教えてほしいというので、部屋に出向き私が知る範囲でアドバイスしました。

遍路旅の見通しがつく

四月二五日、六時三〇分に朝食（遍路宿は札所近くの宿以外はほぼこの時刻です）。七時、宿舎の車が次々と遍路を乗せて出発していきます。私たち四人は最終便で道の駅へ向かいました。

七時一五分、道の駅を四人して出発。しかし、すぐにKさんが先行。Mさん、Tさんはその次。私は最後尾です。道の駅でトイレに行っていたご夫婦が追い付いてきました。しかし、ご主人の方がマメを作ってしまい、膝が不調の私とほぼ同じペースだったので、時に離れたりしつつもいろいろと話をしながら三人して鶴林寺に到着しました。

先行していた三人は納経を済まし、出発しようとしている時でした。私も納経を終え、三人の後を追います。やはりまたご夫婦と一緒になり、結局太龍寺も共に到着。

私たちが着いた時にはMさん、Tさんは納経と昼食を終えていました。まずは宿で注文した大きなおにぎり三つを食べながら大休止。この日はここでも膝に超音波を当てました。納経後、ロープウエーで下りるご夫婦と別れます。私はロープウエー乗り場横から弘法大師像がある舎心ヶ嶽に立ち寄ります。その時ちょうどロープウエーで下りていく二人を発見。お互い手を振って別れました。一三時三〇分、下山開始。いわや・平等寺遍路道の長い下り坂を慎重に下ります。鶴林寺からの下りもそうでしたが、特に下りのきつい箇所、段差の大きい所はカニ足で下りました。平地まで下りてきても、小さいですがもう一つ峠の上り下りがあり、一昨年以上にしんどさを感じながら一七時、民宿「山茶花」到着。前回より一時間遅れとなりました。相当疲れましたが、なんとか第二の関門を突破できたのが嬉しかったです。

これで何とか今回の遍路旅の目途が立ちました。

Mさんも「さすがに今日は疲れました」と言われていました。Mさんは御年七二歳ですが、相当なスポーツマン、アウトドア派で、定年退職後「日本一〇〇名山」踏破、二〇〇名山も残すところあと十数山と言われていました。しかし、残しているのが全て難関とされている山（二〇〇名山は一〇〇名山に比べて登山者も少なく登山道も整備されていない山が多い）で、どうしようかと考えている中、今回のつなぎ遍路に出たとのことでした。さすがにそれだけの経験者であるだけに、山道の歩き方は基本に忠実で感心させられました。

何度も紹介している「トランス・ジャパンアルプス・レース」ですが、その二〇一六年度二位の選手はレース中三度のアクシデントに遭っています。一度目は初日の剣岳登山時に足がつったこと。二度目は北アルプスから中央アルプスへのロードで、冷たい飲み物を摂り過ぎたため内臓をやられ、食事がとれずエネルギー切れを起こし、中央アルプスの宝剣岳でリタイア寸前までいったこと。三度目は四日目の南アルプス塩見岳付近で極度の疲労から身体の感覚にずれが生じたこと。その彼が次のように述べています。「『もうだめだ』と思ってからがこのレースの面白いところ。一回潰れてもペースを落としてしっかり補給して休むと、また復活したりするのは長いレースほどあり得ること」。この日私は、その場面を思い出していました。

二度の経験から、鶴林寺、太龍寺越えについては、前日と翌日は控えめなスケジュールで、十分な休養を取ることがその後の旅を継続させるためには重要であると思います。

先述しましたが、焼山寺でリタイアする人は足のマメや靴擦れ、鶴林寺、太龍寺でリタイアする人は膝や足首を痛めてというパターンが多いようです。

四月二六日、七時に民宿「山茶花」出発。ここでMさんとはお別れです。

前日参拝できなかった平等寺を出発したのが七時三〇分。この日は一日小雨が降ったりやんだりで、その都度ポンチョを着たり脱いだりしました。リュックやウエストバッグにザックカバーを付ける必要がなく、本当に便利です。

一二時三〇分、道の駅「日和佐」到着。薬王寺門前にあるうどん屋で昼食。この店のうどんは美味しかったです。ちょうどドラッグストアもあって湿布も補充できました。

薬王寺参拝後、この日の宿民宿「ゆき荘」から車で迎えに来てもらい、一四時四〇分入宿。

夕食時、同じ奈良からのつなぎ遍路といろいろ話します。小指の爪がはがれてしまったということでしたが、靴は普段履いているものと同じサイズとのこと。一回り大きめの靴を履くということは、歩き遍路には「いろはのい」です。

皆さん、少なくとも出発前には『四国遍路ひとり歩き同行二人』の解説編は読まれておくべきだと思います。

「冬の歩き遍路、夏のバイク遍路」は必要ないのではと思いはじめる

四月二七日、やはり宿のご主人に薬王寺まで送ってもらい、同寺出発が七時三〇分。全く快調です。気分良く歩みを進めていくうちに、今回の遍路を打ち通した後にさらに冬に歩き通す、夏は妥協してバイクで巡ることにそれほど意義を感じなくなってきました。自分自身、通し切り結願できたら納得できそうだし、読者の方への新たな情報もさほどないかなと思い始めたのです。バイクでの遍路の記述などほとんど意味がない。

冬の通し遍路をやろうと思えば、今回の帰宅後またN接骨院に通い、施術を受けトレーニングをしなくてはいけません。また、歩き込まなくてもいけません。

今まではとにかく一度は打ち通し切りたい、そうでなくては本など出す資格はないとの思いからやってきました。しかし、それにかける時間と労力は馬鹿になりません。

冒頭で、「健康ではありたいと思うが長生きしたいとは思わなくなった」とか「来年より今年、来月より今月、明日より今日を大切に生きる」と書きましたが、自分に残されている時間を最大限有効に使いたいという考えからです。六三歳になった私に残されている

時間は平均余命からするとあと二〇年。健康寿命となればあと一〇年となります。あくまでもアベレージなのでそれより長くなるかもしれませんし、短いかもしれません。私は、この場合については悲観的に考えるようにしています。つまり、自分は二〇年は生きられない、一〇年経たずしてやりたいことを自由にやれなくなると。特に大事にしたいと考えるのが健康寿命です。という考えから、極端な表現をすれば、頭が働き身体も動く現在の今日という日の価値は一〇年後の二倍、二〇年後の三倍以上の価値があると思うのです。ならば、次の新しい目標、やりたいことを探そうと思うようになったのです。

そのように決めてからは、納経の際の作法に一つ付け加えるようになりました。

真言宗の合掌の仕方はただ手のひらを合わせるのではなく、右手が必ず上になるようにして指と指を先端で組みます。そしてお願いごとをする場合、自分以外のためにするのであれば左手を少し前にずらします。今までは妻、娘の供養のためだけなのでそうしていました。しかしこの後は、「眞理子、明日香をよろしくお願い致します」の次に、今度は右手を少し前に出して自分のために、「今回の遍路旅が途中リタイアすることなく、無事結願できますように」と唱えるようになりました。

牟岐のコンビニで昼食を購入した際、今回の旅で初めてのお接待を受けました。五〇〇円の現金でした。「私も以前何回か巡ったのよ」と言われた初老の女性からでした。ありがたく頂戴し、その場の支払いに使わせてもらいました。

一三時頃、道路沿いにある別格四番霊場「鯖大師」に立ち寄る。さらに歩いていくと、おじいさんから「お大師さん」と呼び止められました。みかんの接待を受けたのですが、「お遍路さん」でなく「お大師さん」と呼ばれたのは初めてでした。

一六時三〇分、ホテル「リビエラししくい」到着。海沿いに立つとても立派な温泉ホテルですが、町営ということもあり案外廉価です。前回は相当疲れた状態での到着でしたが、今回はそれほどではありませんでした。


四月二八日、この日の宿民宿「徳増」まで店らしい店はないため、一昨年同様近くのコンビニで昼食、ウイスキー、炭酸を全て購入。水筒にも冷たい水を満タンにしたので、リュックは最大限の重みになりました。

七時一五分、ホテル「リビエラししくい」前を出発。前日同様、ひたすら五五号線を室戸岬方面へ歩きます。

昼食時にインターネットで天気予報を確認すると、翌日は一日中相当な強風雨の予報。

出発して一〇日、疲れも溜まってきているし「徳増」に連泊を申し込むも、連休に入っていることプラス、三〇日に周辺でウルトラマラソンが実施されることから満室とのこと。その後、できるだけ移動距離を短くしようと、室戸岬までの宿全てに電話してみるも全て満室。

結局当初の予定通り二五番津照寺横の「太田旅館」をおさえ、強行突破するしか仕方がないと考え直します。

そうこうしているうちに、今朝の出発時にコンビニで出会った通し遍路が追い付いてきました。年齢は六〇歳前後、初めての歩き遍路だそうで仕事の都合上三二日間で通し切る予定。よって一日の平均移動距離は四〇㎞を超えると言ってました。宿も全て予約済み。私は今まで会った遍路で三五日間という日数までは聞いたことがありますが、驚きでした。

コンビニで別れた後は、あっという間に見えなくなりました。その彼が追い付いてきたのです。どうしたのかと聞くと、財布を落としたとのこと。気付いた地点から最後に財布を確認した地点まで探しながら戻っていたとのこと。高額の現金、カード類、健康保険証等が全て入っているわけで、交番で紛失届を出し、茨城県の自宅の家人に電話を入れ、翌日宿泊する宿に現金を送ってもらう手配をしていたとのことでした。

これまた大変だなあと同情することしきりでした。私が同じ立場ならショックで旅を継続する気力を失くすすか、お大師様が「今回はここで帰りなさい」と言われていると判断したかもしれません。

再び歩き出すと私を追い越した車が止まり、作務衣の上に白衣姿のお坊さんから飲み物のお接待。車で回っている方ですが、遍路からお接待を受けるのは初めてです。

若い頃はよく歩かれたそうです。「自分もよくお接待を受けた。そのお返しです」とのことでした。一七時一五分、民宿「徳増」到着。この民宿は、荷物を次の宿まで運んでくれるお接待があります。

四月二九日、夜中に目が覚めテレビのｄボタンを押して天気を確認すると、さらに状況は厳しくなっていました。昼前には風速二〇ｍ、雨量二〇㎜との予報。「これは相当厳しい」と判断。朝食の際、ご主人に図々しくも「荷物と共に人間も運んでもらえませんか」と頼んでみました。了解頂きホッとしました。私を受け入れる「太田旅館」の都合も聞いてくれ、一一時一五分ご主人の車で出発。私と同じ立場なのでしょう、連泊が叶わず強風雨の中を室戸岬へ向かう遍路達を何人か見ました。車の中でちょっと申し訳ない気持ちになります。

昼食購入のためコンビニにも寄ってくれ、一二時、「太田旅館」着。本当にありがたかったです。

結局、この日は休養日となりました。

今回こそ歩き通すことを改めて決意

四月三〇日、初めはバスで徳増まで戻るつもりでしたが、極めて本数が少ないこと、時間的にも中途半端になること、室戸岬を小さな半島と考えるとそれを横断する県道がありそれほど距離はないことから、タクシーで徳増まで戻ることにします。わずか二〇分ほどで徳増に着き、八時には同地を出発しました。前日とは打って変わって快晴です。快調に御蔵洞、二四番最御崎寺、そして二五番津照寺を参拝し「太田旅館」に戻りました。連泊の形になります。

明日以降も、ゴールデンウイーク中は好天が続く予報だったので、一日から五日までの宿を全て予約しました。

五月一日、七時二〇分、「太田旅館」出発。二六番金剛頂寺で杖に付ける鈴付きのカバーを売っていたので購入。また鈴の音と共に歩けます。

この日は普通の昼食が取りたくて、地図にあるドライブインを目指すも廃業していて、地図にはない食事処と中華料理店を発見するも両方とも休業日。諦めてコンビニを目指すもこれも廃業。仕方なく休憩できる（ベンチがある）自動販売機を探しているうちに、自販機自体が見当たらなくなりました。その後、やはり地図にない食堂を発見。喜んで行ってみると一〇人余りが列をなしていて、これまた諦める。ようやくベンチがある自販機を見つけたのが午後一時頃でした。缶コーヒー二本がこの日の昼食。こういう日もあります。

夕食時、ランニングで一国打ち（一つの県だけを回る）している遍路といろいろと話しました。こういう人は珍しいです。


先述した通り冬の歩き遍路、夏のバイク遍路の意義を感じなくなってから意を強くしたのが、この度の遍路を是非ともリタイアすることなく歩き通したいということです。そしてそのためには、自分が納得できるのなら、身体特に膝に負担になることをできるだけ避けるのも可と考えるようになりました。それを初めて実行したのがこの日、五月二日です。コースにはまず二七番神峯寺があります。同寺は標高が四三〇mの位置にあり、急坂のコンクリート道が二㎞あまり続きます。上りは問題ないのですが、やはり下りが心配になりました。ということで、リュックを宿に置き空身で神峯寺を参拝。その後タクシーを呼んで宿まで走ってもらいました。同じ道を交通機関を使って戻るのは遍路を途切らすことにならないという解釈です。ちょっと複雑な心境ではありましたが、割り切ることにします。

前日はまともな昼食にありつけませんでしたが、この日は昼頃に安芸市の中心部に入ります。

地図では食事ができる店の表示はありませんが、こんな大きな町でないはずはないという考えでした。結局その通りで、中華料理やお好み焼きなどの店が五軒ありました。私はそれとは別にビジネスホテル「弁長」の二階のレストランで済ませました。皆さん、この辺りは臨機応変に考えられたらいいと思います。

この日はウイスキーも炭酸も飲み干していて、宿に着く二時間ほど前には水筒の水もなくなり、この時間帯は水分を全く持っていない状態で、さすがにリュックは軽かったです。

一六時、旅館「住吉荘」に到着。この日も快晴で、海が大変美しかったです。女将さんの対応がとても丁寧でした。

とんだ目に遭った日

五月三日、七時「住吉荘」出発。今回の旅ではやはり一度歩いているということで、地図を見ることはめっぽう減りました。過去の記憶と遍路表示で歩みを進めることが多かったのですが、この日は少し失敗してしまいました。印象に残っている旅館があり、その後少しの距離で右折しなくてはいけないところで表示を見落としてしまったようです。

しばらくして「どうも見覚えがない景色だし、遍路表示も出てこない」と思って地図で確認すると、間違っていることに気付きました。結局片道一〇分ほどのロスになってしまいました（これが今回の旅最大のロスです）。九時四五分、一八番大日寺到着。

私はお寺に着くと、日陰のベンチでまず休憩。その後、境内の目の届くベンチにリュックと金剛杖を移動させ（万が一にも持っていかれないように）、参拝を始めます。本堂や大師堂の前にはたいてい杖入れが置かれていますが、それは使いませんでした。

お寺にいる時間は、休憩時間によりますが二〇分から三〇分くらいです。

二九番国分寺の手前のコンビニで昼食を取っていると、テント泊のつなぎ遍路に出会いました。彼はある民宿でその宿の主人が宿泊客からの情報で、地図の巻末にある宿について◎○△×の四段階で評価しているもの（もちろん全てではありません）を持っていて、私も写させてもらいました。大体は妥当な線が出ているのでしょうが、自分が泊まったことがある宿で、「え！　この宿が◎？」「なぜあの宿が×なの？」と思うものが結構あり、情報主それぞれの主観が入っているなと感じました。

一四時、国分寺を出発。前回もそうでしたが、二九番国分寺から三〇番善楽寺に至る地図はかなりイメージするのが難しいです。まあ、あの入り組んだ道を限られたスペースの地図上で表現するのは厳しいのだなと思います。しかし表示はしっかり出ているので、途中から地図はバッグにしまい表示通りに歩きました。

さて、一五時三〇分にその日の宿に着いたのですが、宿の主人が勘違いしていたようで、たった二室しかない宿には先住者がいました。知り合いの宿何軒かに問い合わせてくれましたが、この日は五月三日です。空いているわけがありません。結局、先住者に了解を得て、相部屋となりました（この二人は私より後に予約している）。

しかし、二人の部屋とは別に共有スペースがありました。キッチン的な部屋でそこにトイレ、風呂もあります。そして、布団を敷ける面積もありました。私は相部屋ではやはり気を使うし、このスペースでいいと言いました。これでとりあえず寝場所は確保しましたが、次は夕食です。ビールを切らしている！　信じられない！　食事は量は少ないしまずいし、ご飯はいつ炊いたのだと思うほどカチカチ。三人で食べ始めましたが、そのうちの一人（何度も歩き遍路の経験があるらしい）がとにかくよくしゃべる。自分が知っていること、経験したことを切れ目なくしゃべる。私は作り笑いで応じていましたが、心の中はドッチラケ。タイミングを見計らって席を立ちました。

夜、八時三〇分には二人の部屋の電気は消えました。ガラス障子なので私も少し経って消灯。

先述のようにトイレが私の寝ているスペースにあるので耳栓をします。それでもやはりトイレへの出入りの音は聞こえます。そして夜中の三時半頃、もう一人の同宿者がトイレの後、もう十分に眠れたのか、その後は電気を点けたままです。私はタオルで目隠しし、その後二時間ほどうとうとしただけでした。

翌日の宿代の支払いでは、五〇〇円引いてくれただけ。学生の頃から旅好きで数多くの宿に泊まってきましたが、自分史上ワースト三に入る宿でした。

少し結願が不安になった日々

五月四日、八時に宿を出発。三一番竹林寺は五台山（というより小高い丘）の上にあり、慎重に上り下り。この日は缶コーヒーの昼食を覚悟していたのですが、ちょうどうまい具合に三二番禅師峰寺手前で手ごろなお食事処を発見。大休止も兼ねて一時間ほどいました。禅師峰寺参拝後、一五時一〇分種崎発の渡し船に乗れるよう急ぎます。一昨年であれば調子が良いとき、必要に迫られた場合は時速六㎞くらいのスピードで歩けたのですが、現在の膝の調子からは五㎞強位が限度です。

旅も一六日目となり疲れも溜まってきたのか、平坦路でも時々膝に違和感が出ます。ギリギリ渡し船（一時間に一本出ている。無料）に間に合い、三三番雪蹊寺を参拝し、一昨年も泊まった門前にある民宿「高知屋」に一五時四五分に入りました。膝の違和感と共に身体の疲れも感じ出したので、翌日の「山陽荘」に連泊することにします。

五月五日、七時一五分「高知屋」出発。この日は出発してしばらくすると膝に違和感が出始めました。

一〇時三〇分、食事ができる産直市場があったので少し早めですが昼食兼大休止。

「高知屋」で同宿だった通し遍路と三四番、三五番のお寺で出会うことになります。彼は四三歳。地図も持っていますが主にスマホアプリ（巡礼ゴー）を頼りに歩いているとのこと。時代を感じます。彼から言わすと、地図だけで巡っている遍路は尊敬に値するそうです。

私には彼と同い年の知人がいるのですが、「ナビがないと車で遠出はようしない」と言います。彼も、自分もそうだと言っていました。

一六時、かなり疲れを感じながら「山陽荘」に到着。神山温泉「四季の里」、ホテル「リビエラししくい」と共に、とても気に入っている温泉旅館です。

五月六日、この日は休養日。今後八日間の宿の目途を立て、三日目までは予約を入れる。散歩がてら三六番青龍寺参拝。部屋着やらパジャマなどを洗濯。昼食は旅館内のレストランで。大変良い休養日となりました。

浦ノ内湾を巡航する運航船

五月七日、浦ノ内湾を巡航する七時一〇分発の巡航船（主に学生の通学用として一日三往復運行されている。言い伝えによると弘法大師もこの地で渡し船を使ったとあり、これを利用することは遍路を途切らすことにならないとの解釈）に乗船するため、六時に「山陽荘」を出発。朝食をキャンセルしたため、途中のコンビニでおにぎりを購入し、定刻の三〇分前には埋立の乗り場に着きました。五〇分で横浪に到着。これで二時間という時間と労力の節約になりました。前日宿の目途を付ける際、一昨年泊まった宿の名前を勘違いし、そのため考えていたよりかなり手前の民宿「安和の里」に入ったのが一三時三〇分。結果的に、こ

ＪＲ土讃線　安和駅

の日も半分休養日のようなものになりました。

ゴールデンウイークが終わり歩き遍路がいなくなる

五月八日、七時に「安和の里」出発。出発の際「お賽銭にして下さい」と小銭の入ったお年玉袋を戴く。午前中に焼坂峠、七子峠の二つの峠越えがありますが、両方とも遍路道は使わず国道で越えます。七子峠は六㎞に及ぶ上りの連続で、上っている時はそんなに思いませんでしたが、後にそのダメージがきました。

峠頂上にある廃業した店が西村洋一という画家のギャラリーになっていて、そこを管理している方から声を掛けられ見学させてもらい、お茶とお菓子のお接待を受ける。一昨年同様峠近くのラーメン屋で昼食を取り、そこを出発したのが一一時三〇分。三七番岩本寺到着が一五時。この三時間半が長く感じられました。

ゴールデンウイークもこの日が最後の日で、歩き遍路には一人も会いませんでした。この後八八番結願まで歩き遍路は本当に少なくなります。今回の遍路のスタートから前日までは結構見かけましたし、述べてきたように行動を共にしたり話をしたりしました。おそらく、ゴールデンウイークの前に一定日数の有休をとり、それと合わせてつなぎで巡っている人が多かったのだと思います。つなぎ遍路が圧倒的で、通しで歩いている人は少数です。ということで、この後そういう意味では寂しい遍路旅となりました。

この日の宿も宿泊者は私一人だけでした。

五月九日、七時に宿を出発。鶴林寺、太龍寺突破後は、皮膚がかぶれてきたため着用していなかったサポーターを再び装着。

この日はまる一日、小雨ではありますが断続的に雨に降られ、ポンチョを脱ぎ着しながらの一日でした。一昨年もお接待を受けたおじいさん宅の庭先で今回もコーヒーを戴く。

この日は雨天のため先を急いだこと、ウエストバッグから地図を出すのが面倒なため、前回は通った遍路道は使わずひたすら五六号線を歩きます。出会った遍路は逆打ちの一人だけでした。

途中郵便局を見つけたので、お金を下ろします。一六時、ロケーション抜群の「海坊主」到着。

やはりこの日も宿泊者は自分だけです。館内がリニューアルされていて部屋もきれい。食事処で太平洋を見ながらの夕食。女将さんもとても親切でお勧めの宿です。サポーターの威力はやはりあり、膝へのダメージはましでした。

五月一〇日、七時「海坊主」出発。一昨年同様、道の駅「ビオスおおがた」から通勤時間帯でもあり非常に車の多い五六号線を外れ遍路道へ。そして県道や広域農道を歩き四万十大橋へ向かいます。大橋の手前のコンビニで昼食を取ったのも、大休止しても足が重く感じたのも一昨年と同じでした。一五時、民宿「安宿」に到着。

私は現在いる地点からお寺や宿への距離を、地図の巻末にある宿泊施設一覧表で計算していました。それによるとその日の移動距離は二五㎞です。しかし、一昨年もそうだったのですが「二五㎞の割には時間もかかったし、しんどかったなあ」というイメージでした。今回もそうです。それを宿のご主人に話すと、「海坊主」からだと三四㎞あるとのこと。歩くルートは複数あるので一定の誤差があることは理解できますが、九㎞の違いは大きいです。時間にすると二時間余り。これでは行程の考え方、心積もりが狂ってきます。地図上に赤で示されている距離の方がまだましだということでした。ということで皆さん、こういう点も要注意です。

この日もサポーターの威力を感じました。また皮膚のかぶれがひどくなるまでは着け続けることにします。

宿では三日前、「安和の里」で同宿だったご夫婦と一緒になりました。広島から車で四国へ渡り、前回打ち終えたところまで移動。そこから出発して天気や体調次第で切り上げ、車を置いているところまで電車やバスで戻り、広島へ帰るというパターン。つなぎ遍路もいろいろです。

五月一一日、この日も「歩いた道を戻るのに交通機関を使っても遍路を途切らすことにならない」解釈で行動しました。七時、雨の中「安宿」出発。同宿のご夫婦は今日から三日間は天気が悪いということで、今回はこれで終了とのこと。

スタートしたときはそれなりの雨でしたが、段々と小降りになり一一時頃にはやみました。

足摺岬へは一昨年とは違い、半島西側のルートを使います。以前は海岸べりの道だった県道二七号線は、今はきれいな二車線道路に生まれ変わり快適です。遍路道にこだわるのなら別ですが、岬へは往復ともこの道を使うのがいいと思います。

結局、昼食は宿で戴いた特大のおにぎりと缶コーヒーだけで済ませました。三八番金剛福寺から打ち戻す遍路八名と会いました。そのうち何人かとは立ち話をします。皆、明日、明後日の天気を心配していました。また、太龍寺で短時間ですが話をした、エストニア人の旦那さんと日本人の奥さんという通し遍路と再会しました。このご夫婦とはその後も道中で会ったり、同宿になったりします。

一三時三〇分、金剛福寺到着。休憩の後、ゆっくりと参拝。そして、一四時四〇分発のバスに乗ります。このバスは先述の旧県道二七号線を通ったり土佐清水市内も経由するので結構時間がかかり、「安宿」に戻ったのは一六時でした。

先述のように一一時頃には雨は止んだので、靴は結構乾いていました。しかし、ご主人がやはり新聞紙を入れた方がいいというのでそうします。

これまでの自分のやり方は、片足に新聞紙を四枚丸めて押し込んでそのままでした。しかしご主人から伝授されたのは、使う枚数は同じですが、新聞紙一枚だと大き過ぎて隙間ができるので半分に切り押し込む、そして一時間後に抜き取る。あまり長い時間そのままにしておくと、せっかく紙が吸い取った水分が靴に戻ってしまう。かなりひどく濡れている場合はこれを二回やる、というものでした。これをすると靴の臭いも取れるのです。

今回私が履いている靴下はN接骨院で勧められた「足指に力が入りやすくなる。土踏まずにアーチができる。足首が固定され、身体に余計な負荷がかからない」という特徴を持ったタイカンコアという五本指靴下なのですが、素材に綿が入っている関係か、臭いがかなりきついのです。「三陽荘」や「海坊主」でファブリーズを思いっきり吹き込みましたが、大きな効果はなかったです。しかし、新聞紙を取った後嗅いでみるとかなり臭いはなくなっていました。これは勉強になりました。

この日またまた、鈴を落としてしまいがっかり。

雨の日の準備と歩き方

五月一二日、天気予報は変わりません。この日と翌日は本降りの雨です。「安宿」にはすでに連泊していますし、天気の崩れが一日だけならもう一泊とも考えないわけではないですが、もう二泊は考えられません。

また、一昨年、去年と本当に天気に恵まれました。今回も二九日の室戸岬での強風雨もうまくかわせましたし、雨に降られても途中でやむとか、降っていても小雨であったりだとかでした。

今回通し切れて本格的な雨の中を一日中歩いた経験がないということは、皆さんが知りたいと思う大きなネタがないことになると考えました。

ということで、七時、本降りの中を「安宿」出発。この日の宿「鶴の家旅館」までは、先述の地図の巻末の宿泊一覧表によると二二㎞ですが、ご主人からは三〇㎞と言われました。

ちょっとした雨ならポンチョだけ。前日の出発時には連泊なので、最低限の荷物を入れたリュックにザックカバーを付けました。

しかし、この日は財布、スマホ、納経帳はストックバッグに入れます。外から言いますと、ポンチョ、ザックカバー、ウエストバッグ、そしてその中にストックバッグに入った財布その他となります。これならゲリラ豪雨にあっても大丈夫です。

リュックにもザックカバーを付けます。元々衣類は下着類、部屋着、洗濯物に分けてポリ袋に入れてあるのでこれで安心です。

この日は参拝するお寺がありません。よって荷物を解く必要がありません。さらに、宿までは県道二一号線の一本道です。地図も必要ないくらいですが、一応これもストックバッグにこの日歩くページを開いたまま入れ、リュックの水筒やペットボトルを収める部分に入れました。途中弁当や飲み物を購入できるところがあるので、一〇〇円玉を七～八枚ズボンのポケットに入れておきます。

さて、気合いを入れてスタート。三〇分も経つと、早くも靴の中はぼちゃぼちゃです。私の靴はゴアテックスではありません。トレランシューズといえばほぼゴアテックスなのですが、先述のように足の蒸れを考慮したからです。ゴアテックスでなく幅広タイプのＨＯＫＡ唯一のものです。さて、足もだんだんと疲れてきました。しかし、一昨年紹介したようにこの県道二一号線は人家もなく車もほとんど通らないとても寂しい道で、休憩できる場所がほとんどありません。この日の場合休憩できる場所とは、雨宿りができて腰が下ろせるところです。

二時間一五分後、ある廃屋が目に留まりました。まだ、人が住まなくなってそれほど長く経っていないようで、状態はまだましです。母屋とトイレ、風呂、脱衣所が別棟の昔の建物です。私の母方の実家が、私が幼い頃までこのタイプでした。

廃屋のトイレ、風呂、脱衣所の方に入れました。ポンチョを脱ぎ、リュックとウエストバッグをはずし、段差の部分に腰を下ろしお茶を飲みながら二〇分ほど休憩。

出発するとこの日唯一の逆打ち遍路と会い、雨の中しばらく立ち話。こんな天気でも歩いている遍路に出会うと、少し元気づけられます。一時間ほどで以前はバス停だったのでしょうか、屋根のあるベンチを見つけました。ここでも二〇分余り休憩します。

一二時、この日の行程で唯一の店「みはらのじまん屋」到着。お弁当とカップラーメンの昼食と大休止。一三時に同地を出発し、一四時四五分、「鶴の家旅館」に着きました。

ポンチョなので膝から下は当然濡れます。しかし、本降りの中を一日歩くと時々風にあおられもしますし、結局太ももから下は濡れていました。ウエストバッグのザックカバーだけは濡れていましたが、ウエストバッグ自体は全く無事で、リュックのザックカバーも少し濡れている程度。私のポンチョは安物のビニール製のものです。空気が胸元や膝の下から入ってくるので暑くもありません。菅笠は宿に着く直前に少し頭のてっぺんに冷たいものを感じましたが、ほぼ大丈夫でした。四〇〇円ほどでカバーが売られていますが、必要ないと思います。この日も泊まり客は私一人だけでした。

五月一三日、身体的には歩けそうでしたが、天候のことから連泊、休養日としました。天気予報によれば明日からは回復、その後は好天が続くということで、それに備えます。

天候回復し順調に前進

五月一四日、六時三〇分、「鶴の家旅館」出発。連泊して休養したのに足は重いし、膝の調子もイマイチ。この日は基本的に国道五六号線を歩きます。愛媛県との県境に近いレストランが開いていたので、かなり早かったですが、昼食兼大休止。四〇番観自在寺のある町に入りようやくその後は調子が戻りました。切らしていた湿布を購入し、一六時に

「青い国ホテル」到着。

　一昨年同様、ホテルの隣にある洋食の店で肉料理を堪能します。


　五月一五日、七時三〇分、「青い国ホテル」出発。一昨年同様「ゆらり内海」で昼食。最後の一時間ほど、小雨に降られポンチョを着ます。一四時三〇分、「三好旅館」到着。

　エストニア夫婦と同宿になる。旦那さんが菜食主義者のため食事は近くのスーパーで購入して入宿していました。明日は三間でテント泊とか。

　チェックイン後のことですが、今回はまず膝のケア、それが終わると洗濯機を回しに行き、その間に入浴。入浴後に洗濯物を乾燥機へ。部屋に戻り親族、友人、知人にラインしたり、宿の予約を入れたり、その日の出来事を日誌に書いたり、そんなこんなしているうちに夕食の時間になります。夕食はほぼ一八時から。一九時前には部屋に戻りハイボールを飲みながら天気予報からニュースを見ます。宿のテレビはほぼＢＳは映りません。地上波の番組で観たいものはほとんどないので、消しはしませんが適当に見聞きしながら明日の準備、就寝準備をして二一時頃には床に就くというのがパターンです。

五月一六日、歩き遍路の行程上最も宿が少ない地点までやって来ました。やはり一昨年同様、四一番龍光寺近くの民宿はコロナで休業しており、本来なら一日半をかける距離を一日で進むことに。しかし、今回は膝の不調を抱えての移動です。一二時間以上はかかると判断。

朝食はもちろん取らないで、五時出発で計画。結局早めに目が覚めて、四時四〇分、「三好旅館」出発。この日は短時間でも、こまめに小休止を取ることにします。

宇和島市内の五六号線は見事に右に曲がり左に曲がることを繰り返しますが、下手に遍路道を使わず、国道を歩くのが結局は早道です。

非常に順調に一〇時一五分、道の駅「みま」到着。昼食兼大休止。

四二番仏木寺でお金を一切持たず、全てお接待を頼りに遍路を続けているユーチューバーに会う。その無謀な挑戦に私も一〇〇〇円をカンパ。

一三時一〇分、仏木寺出発。一四時、歯長峠着。鶯の鳴き声がよく響いて美しい。

一六時二〇分、民宿「みやこ」到着。結局要した時間は一一時間四〇分。疲れも一昨年よりましでした。過去に経験していることが精神的に影響していることもあったと思います。

一昨年同様、宿泊者は自分一人で、朝夕ともご主人、女将さんといろいろ話しながら戴く。

五月一七日、民宿「みやこ」を七時四五分出発。交通量の多い五六号線を避けながら進んでいきます。

前日の疲れが残っているのも一昨年と同じ。食事ができる場所を求めて五六号線を歩いてみるもやはりなく、コンビニのイートインスペースでカップラーメンとおにぎりで済ませました。

鳥坂トンネルからはそこそこの下りが延々一時間余りに及び、左膝の元々痛めている逆側に違和感、軽い痛みを感じました。要注意です。

以前、高知でコーヒーのお接待を受けたおじいさんが「愛媛はアップダウンが多い」と言っておられました。前回はそれほど感じなかったのですが、今回は「なるほど、その通り」と思いました。一五時一五分、伊予大洲駅近くの割烹旅館「たるい旅館」に到着。さすがにいい旅館でした。

五月一八日、朝食の時間が遅いので「一泊夕食付」という形にして六時二〇分「たるい旅館」を出発（こういうパターンも何度かあります）。五六号線から三七九号線に入る直前のコンビニで、朝食兼昼食、ウイスキーと炭酸を購入。ウイスキーは当然、ペットボトルに入れ替えます。三七九号線に入ると交通量はぐっと減り、ホッとします。

道の駅「内子リフレッシュパークからり」に九時三〇分着。朝食兼昼食兼大休止を取りました。

途中、国道と並行する遍路道を歩きます。大瀬あたりは非常に雰囲気がいいです。久しぶりにみかんのお接待。三八〇号線に入るといよいよ車は少なくなります。前回使わなかった遍路道を歩いてみましたが、国道の方が良かったです。それほど三八〇号線は交通量が少なく、雰囲気がいいです。この日は四国に来て最も暑い日で、水分を随分と取りました。

道の駅「小田の郷せせらぎ」で同宿の遍路に会い、この日の宿「山宿むらや」のご主人に迎えに来てもらい、共に車に乗り込みます。東京からの自称「後期高齢一週間遍路」。一週間歩いて帰京し、またその気になったら四国へ来るとのこと。私は「いい宿を取られましたね」と言ったのですが、夕食を見て納得されていました。この方は早朝の雰囲気の中を歩くのが好きで、いつも一泊夕食付きのパターンなのだそうですが、「朝食もすごいですよ」と言うと、この日ばかりは二食付きにされました。

マムシにとぐろを巻かれる

五月一九日、一昨年同様ご主人に三八〇号線まで送ってもらい、そこを出発したのが六時四五分。「山宿むらや」に泊まることにこだわらなければ、この辺りは様々なコース設定ができます。

三日前、過去何回も経験のある歩き遍路にこの日のコースを話すと、「かなりマニアックなコース取りですね」と言われました。この日のルートは、昨年共に歩いた通し遍路一八回のYさんに考えてもらった道です。

私が出した条件は『「山宿むらや」に宿泊、できるだけ膝に負担をかけず、感じの良い遍路道を歩く』というわがままなものでした。

三八〇号線から歩道が狭く交通量の多い三三号線を我慢して三〇分だけ歩き、県道一五三号線に入ります。ここで、これからは自販機もないだろうと考え水筒を満タンにします。

一二時、越ノ峠で女将さんが作ってくれたおにぎりで昼食。その後しばらくは感じのいい田舎の遍路道を気分良く歩けましたが、素鵞神社（世話する人もいないのでしょう、朽ち果てた状態です）を過ぎた地点からは今まで経験したことのない急坂の道へと変わりました。

所によっては一〇m進んでは一息入れる、つま先で登っている感じです。

遍路もほとんど通らないので、それこそ鎌が必要だと思うくらい雑草が生い茂っており、危うく遍路表示を見落としそうにもなりました。

さらにマムシに出くわしました。全然逃げようとしないのでしっぽの方の地面を杖で叩いてやると、なんと一瞬のうちにとぐろを巻いて戦闘態勢。

私は蛇にとぐろを巻かれるのは初めての経験です。しばらくにらめっこしていましたが、それでも逃げる様子がなく、私の方ができるだけ距離を保ちながら、もし飛び掛かってきたら杖で払いのけるつもりで素早く通過しました。

さらにその後、二mくらいある蛇が私の前を通過。「堪忍してくれ〜」という気分でした。

さらに行くと、地図上には「当地点左斜面、時折落石の恐れあり頭上注意（自己責任で

八丁坂

通行して下さい）」とあるのですが、私はそれより右斜面が切れ落ちていて、下手をすると滑落する危険の方が怖かったです。

やっと八丁坂到着。そこからは本当に遍路道らしい雰囲気のいい道が岩屋寺まで続きます。今回は四四番大寶寺より先に四五番岩屋寺を打った形になります。このお寺で、初めて団体遍路に出くわしました。

一六時三〇分、国民宿舎「古岩屋荘」到着。バイクや車で巡っていた頃は常宿にしていたところです。レトロな雰囲気がいいです。宿泊者はわずか四人でした。

「鶴の家旅館」で二日目に同宿だった歩き遍路と再会。売店で杖カバーを売っていたので再度購入しました。

やはり、「歩き通し」てこそ

五月二〇日、「古岩屋荘」を七時三〇分に出発。四四番大寶寺を参拝し国道三三号線に戻り、三坂峠へと向かいます。地図上でのこの日最後のコンビニを通過。もしかして地図上にない店があるかもという気持ちと、どうしてもコンビニおにぎりはもういいという思いからです。

結局期待した店はなく、峠近くで缶コーヒーを飲む。結局これがこの日の昼食代わりとなりました。

一二時二〇分、四六番浄瑠璃寺に向け高度差六〇〇mほど、距離にして八㎞を下山開始。左膝に負担をかけないようにゆっくりと慎重に下ります。今回初めて、コンクリートの急坂を後ろ向きに下ります。

一六時、浄瑠璃寺を参拝後、「長珍屋」に入る。夕食時、久しぶりに歩き遍路四人で少し話が盛り上がりました。

この宿に、ある新聞記事が掲示されてありました。以前泊まった宿にも同じ記事がありました。

もう一〇年ほど前のものですが、「お四国巡り巡って五六〇回」という表題で、御年八四歳の方が定年退職後に車で巡礼されていることを紹介していました。記事の最後には「後進を育てる取り組みも」とあったのですが、私は冷めた目で読んでいました。

五六〇回という回数はたいそう数多く巡られたのだなあと感じましたが、それまでです。車でならお金と時間がありその気になりさえすれば、誰でもできることです。ただ、ハンドルを握ってアクセルを踏んでいれば一〇日もあれば回れます。車内はエアコンが効いているわけで暑さ寒さを感じることもないでしょうし、もちろん雨に打たれることもありません。「歩き遍路は人生そのもの」とはよく言われるのですが、車で五〇〇回、一〇〇〇回巡ろうが、そういう感覚は体得できないと思います。

それと、これは仕事をされている現役の方には無理な話なので強く言えませんが、やはり「通し」てこそだとも思います。私は前回は結局三国打ちと、一国打ちのつなぎ遍路になったわけですが、昨年の讃岐の国の遍路（距離的にも地形的にも最も楽）はちょっと長めのハイキングという感覚でした。

四国八十八ヶ所霊場会では、四回の巡礼と簡単な手続きで「先達」の資格が得られるそうです。私はバイクで三回、車で二回、歩きで一回巡っているので、その資格があることになります。

しかし自分の考えでは、「先達」と呼ばれるからには、「通し」は無理であるとしても最低限「つなぎ」で一度は歩いていることが最低条件だと思います。そのうえで空海の業績や教え、八八か寺全ての由緒をしっかり説明できることが必須だと考えています。


五月二一日、七時三〇分に長珍屋を出発。この日は足が重いというより体が重いという感覚でした。

四九番浄土寺を打ち終わり、いつも使うお寺近くのラーメン屋で昼食。この店の豚骨あっさりラーメンは美味しいです。

五〇番繁多寺で、一歳一カ月の子供と共に歩いている三〇歳くらいの女性遍路と会いました。リュックと乳母車を持っており、子供を背負ったり乳母車に乗せたりしていますので、獣道的な遍路道は通れません。焼山寺や鶴林寺、太龍寺等の道は当然自動車が通る道を歩きます。

そういう時は必ず助け舟を出してくれる車に出会うそうです。それを辞退することはしないので、厳密に言えば歩き通していることにはならないのですが、それにしても凄いことをやっているものです。何か特別な訳があるのでしょう。先述した車遍路とは好対照だなと感じました。

一四時、早々とこの日の宿「にぎたつ会館」到着。膝のケアをし、入浴後ベッドでうとうとしました。この宿は前回も利用したところで、「夕食は上質だが量が少なめ」と書きました。

今回もそれと大差ないので、ご飯物として最後に食べる少量の鯛めしを食べ終わった後に白ご飯を注文しました。これで空腹感を残したまま部屋に戻るということはありませんでした。

五月二二日、「にぎたつ会館」を七時四〇分出発。前回は道に迷ったので出発前に地図を念入りに頭に入れ、それでもややこしいところがあるので人にも聞きながら、この日はうまい具合に松山の町を抜けることができました。

この日は一部瀬戸内海が見えたほかは何の変哲もない県道をひたすら歩いて、一五時二〇分、この日の宿「シーパＭＡＫＯＴＯ」に到着。安価で、瀬戸内海を見ながら客室に併設されている個室風呂に入れる大変ユニークな温泉施設です。

五月二三日、シーパMAKOTOを八時に出発。この日は基本的に瀬戸内海に沿った交通量の多い国道一九六号線と、それに並行する遍路道を歩きました。途中にあった遍照院というお寺で、翌日以降三日間の宿を手配しました。考えていたように宿が取れず、結局六〇番横峰寺を残した状態で西条まで歩き、そこから電車で戻り打ち直すということにします。

この日もまたエストニア夫婦と二度顔を合わす。久しぶりに現金三〇〇〇円のお接待を受けました。

一五時に五四番延命寺着。夫婦も追い付いてきていろいろ話をしているうちに、気付いたら一六時二〇分になっていました。あわてて五五番南光坊へ急ぎます。平坦路なら時速六㎞ペースで歩けます。

納経所が閉まる五分前、五五番南光坊に到着。仕方ないので先に御朱印をもらい、その後に納経しました。

一七時二〇分に「今治プラザホテル」に入り、夕食は近くの居酒屋で済ませました。

同調圧力に弱い私たち日本人

五月二四日、「今治プラザホテル」を七時三〇分に出発。五六番泰山寺、五七番栄福寺、五八番仙遊寺と順調に参拝。仙遊寺は二五〇mほどの標高があり、前回その下りで左ひざに痛みが走ったので、急な階段状の下りはカニ足で慎重に下ります。昼食を済ませ、五九番国分寺到着は一三時四〇分。この日はカラッとはしているのですが日差しが強く、昨夜少し寝不足でもあったのでばててきました。ニュースでは、この日大洲で今年初めて三〇度を超えたと報じていました。重い足取りで国分寺を出発。前回は宿までハイピッチで二時間で歩きましたが、今回は二時間四〇分かかりました。一七時三〇分、「ターミナルホテル東予」に到着。

運悪く併設の食事処が休業日のため、近くの食堂へ行きました。このお店はほとんどコロナ対策が行われていませんでした。

私はオミクロン株に至っては最早ただの風邪という認識（ワクチン接種はしています）で、マスクの着用も以前と変えていません。納経所、お店、宿に入る際だけです。

オミクロン株に替わって、さすがに四国各県も毎日三桁の感染者が出ていました。そのため、歩いていて出会う人たちはほぼマスクをしています。しかし、どう考えても無意味な場所でもしている人を多く見ました。私はつくづく日本人は同調圧力に弱いなあと思っています。コロナ予防というより、他人の目が気になるから着けていると感じました。前回あれほど元気に挨拶してくれた愛媛県の子供たちも、マスクを着けて何も言わずに通り過ぎていきます。

一般の人たちから受ける挨拶やお接待も激減しました。

さて、そんな考え方の私でもこの店の感染対策の無さには驚きました。

ちょうどタイミングが悪く東南アジア系の人たち、服装から交通警備員と思われる人たちが多数席を埋めていました。

座席の間隔を空けることもなく、テーブルに透明のアクリル板があるわけでもなく、小声で話すわけでもなく大きな笑い声も聞こえ、ほぼ宴会状態。三密そのものです。

私は入店して一瞬たじろぎましたが、他に適当な店がなかったので、とにかく急いで食べて店を出ました。

私もお大師様の「遣わせ者」になってしまう

五月二五日、「ターミナルホテル東予」を七時二〇分に出発。一昨年同様、順調に六一番香園寺から六四番前神寺を参拝。そして西条駅前にある「ホテル青木」に一三時四五分に到着しました。

西条駅前には複数のビジネスホテルがあります。この宿はビジネスホテルなのですが二食付きにすることも可能です。前々日にネットで見つけました。文句なくここで決まり。数は少ないですが、ビジネスホテルでもこういう宿もあります。

夏のバイク遍路、冬の歩き遍路はしないと決めてからは、今回の旅をリタイアすることなく無事結願させるため、自分が納得できることは全てやってみるとは先述しました。

神峯寺からの下りはタクシーを使ったこと、青龍寺近くで巡航船を使ったこと、足摺岬からの打ち戻しはバスを使ったことです。そして、この決断をしてから最も頭にあったのが一昨年リタイアした横峰寺からの下りです。

いよいよその横峰寺まで来ました。その交通機関をどうするか考えました。急な部分を往復している登山参拝バスを使う手、その後は歩くかタクシーを使うか、それも六三番吉祥寺までか宿までか……いろいろなパターンが考えられます。しかし、先述のように、考えていた下山したところの近くにある二つの宿は、一つは休業中、一つは満室で取れず、結局六四番前神寺よりさらに五㎞ほど先の西条駅前の宿しか取れませんでした。

つまり、この日二六日は西条駅から二駅だけ電車に乗り、吉祥寺近くの伊予氷見駅まで行ってから上り出すという行程です。連泊の形になり、荷物は最小限だけ持てばよくなります。

前日に、以前同宿になり、その後も時々顔を合わせていた北海道からの遍路Gさんとまた会った時、彼も「宿が取れない」と言うので私が予約している西条の宿を教えてあげました。

そして、その際彼に提案してみたのです。「横峰寺からの下りは相当急なアスファルトの道が長く続き、膝を痛める可能性がある。タクシーを使えば二人なら料金も半額で済む」と。

彼は先へ進んで宿泊し、電車で戻って打ち直すという発想がなかったのと、下りで交通機関を使うことに特にこだわりはなかったので、楽ができて大変うまい巡り方を教えてもらったと喜んでくれました。

そのGさんとこの日は一緒に行動です。まず西条駅から七時一五分発の電車に乗り、伊予氷見駅へ向かいました。

下車してコンビニで昼食を購入し、七時四五分に登山開始。初めの頃の緩やかな上りは二人して歩きましたが、登山道料金所付近からは急坂となると私が先行。一一時二〇分、横峰寺着。

帰りの電車は一四時なのでゆっくりと参拝。駐車場にあるお店の方から、お菓子のお接待。一三時、駐車場までタクシーに来てもらう。三〇分ほどで、氷見駅に戻ります。Gさんは「これだけの距離の上りを歩いたのか」としきりに言われていました。

一四時二〇分、二人してホテルに戻りました。夕食は前日もこの日も二人で戴きました。

Gさんは宿に着くとその日の出来事を、毎日北海道の実家が檀家になっているお寺のご住職に電話で報告を入れていました。この三日間の出来事、つまり宿が取れなくて途方に暮れていた時に私から宿を紹介されたこと、さらにこの日の行程の提案を受けたこと、そして実際にこの日無事に横峰寺を参拝できたことなどを報告されています。その際ご住職から「その方（私のこと）にはきっとお大師様がお引き合わせされたのですよ」と言われたそうです。

「私自身もそう思います」とも言われ、私は少し照れてしまいました。

私からしても、横峰寺から宿までの帰りの行程を単純化できたこと、タクシー代が安くついたこと、久しぶりに共に歩いたり、夕食時に話し相手ができたりと有難いことばかりでした。

彼とはいろんな話をしました。その中で最も印象的だったのは、コロナのワクチンを接種していないこと。彼曰く「そんなものを度々身体に入れていたら、人間が元々持っている免疫機能を落としてしまう。自分を含め家族、親族はだれも一度も接種していないが、誰一人感染していない。病気には元々持っている自己免疫力で対応すればよい」ということでした。

私はそういう話を聞きながら、少し違う意味のことも考えていました。

人間の寿命というのは、動物学的には五〇年だそうです。昔（と言ってもまだ昭和の初期の頃まで）から「人生五〇年」とはよく言ったものです。それが特に我が国においては、十分な栄養、衛生的な環境、医療の進歩により八〇年を超え、今や「人生一〇〇年時代」

と言われています。でも、私は大切なのは健康寿命だと思っています。痛い思い、つらい思いをしながら、さらに周囲に世話をかけながら長生きして幸せだろうかと思います。

私は産経新聞を購読しているのですが、その生活面に「がん」についての相談コーナーがよく掲載されます。

相談している人のほとんどは高齢者です。七〇代が中心、八〇代の方もおられます。大体は主治医から言われていることが間違いはないか、セカンドオピニオン的な相談です。

私は五八歳の妻をがんで亡くしています。また二三歳の娘を脳腫瘍で亡くしています。特に若くして逝った娘はどんなにつらかったであろう、どれだけ無念であっただろうと思います。そういう経験をしている私にとっては「もうその年齢まで生きたのだから十分じゃないですか」という気持ちになります。

また、健康診断についても考えるところがあります。

娘は一年間の闘病の末に、手術後結局一度も意識が戻らないまま（戻っていたとしても、それを表現する術がありませんでした）亡くなりました。疲労困憊だった私たち夫婦はしばらくして健康診断を受けたのですが、そこで妻に乳がんが見つかったのです。そこから、また私たちは別の意味の「地獄」を経験します。つらい手術、放射線治療、そして抗がん剤。抗がん剤の副作用。

主治医の先生は、「これ以上ない濃厚な治療」だと精一杯のことをしてくださいました。しかし、結局は脳に転移し亡くなりました。結果論ですが、検査などせず、どうも様子がおかしいと感じて病院へ行ったら「末期がんで余命半年」と言われた方がよほど楽だったのです。がんの部位によっては早期に発見すれば、九〇％以上治癒するとも聞きます。しかし、五年生存率とか一〇年生存率という言葉もよく聞きます。一〇年はちょっと長いかなとは思いますが、苦しみながら五年生きたとしてどれだけのものかというのが私の考えです。

また、高齢になると認知症という問題も出てきます。私の義母は中度の認知症でした。一年弱ほど我家で共に暮らし、重度になるまでに肺がんで亡くなりました。共に暮らすようになる前から複数の病院に出向いたり、施設を見学したりもしました。そこで見聞きしたことは私の脳裏に深く残っています。また、先述の義理の叔母は認知症は軽度でしたが、難儀したのが盗られ妄想です。最期に近い頃は別として、九二歳で亡くなったわけですが、その他の生活領域ではかなり元気でした。思いをぶつける人間が私しかいなかったこともあり、どう考えてもあり得ないことをとうとう訴えられました。

冒頭、「私は健康でありたいとは思うが、長生きしたいとは思わなくなった」と述べましたが、こういう理由によるのです。

ようやく一昨年リタイアした地点を越える

五月二七日、「ホテル青木」を七時に出発。朝食を共にし、石鎚山へ向かうGさんとはお別れです。国道一一号線とそれと並行する遍路道を進みます。途中国道沿いに善根宿（地域の人が善意で提供している無料宿泊所）があって、入り口、窓が開いていたので覗いてみます。

誰もいないので中にも入らせてもらい、見学しました。普通の大きめの一軒家で台所やお風呂もあり、寝室は個室できれいに整頓されていました。ここはどうか知りませんが、食事を提供してくれる宿もあります。

去年も立ち寄った別格一二番霊場延命寺を参拝。納経所にはやはり人懐っこい住職がおられ、去年と同じパターンの話になる。今年も車で回っている遍路だと思われたのは、少

善根宿

し心外でした。一四時同寺を出発。一昨年リタイアした宿の前を通過。その後、今回の旅の中で最も暑さを感じる中を強行軍。一七時三〇分、三島駅近くの「ビジネスホテルマイルド」に到着。

この宿も、ビジネスホテルですが二食付きでした。この日は疲れました。

五月二八日、「ビジネスホテルマイルド」を七時四〇分に出発。前回使わなかった遍路道を使い、九時一五分に六五番三角寺着。いよいよ「涅槃の道場」香川県に入りました。一〇時に同寺を出発。ここからコース取りで失敗しました。私は遍路表示に従ったのです（昔の遍路道）が、アップダウンがかなりきつく、たいへんでした。実際に歩いていないので断言できませんが、地図が示しているコースなら距離的にも短く緩やかに下っているようです。民宿「岡田」のご主人も楽をしたいならこちらの道だと言われていました。失敗だったと思いつつ、一二時に別格一四番霊場常福寺（椿堂）着。前回は先述のように、歩き遍路からは納経代は受け取らず逆にペットボトルのお茶のお接待を受けましたが、今回はそれがありませんでした。なぜなのでしょう？

昼食は結局、宿でお接待として戴いたおにぎり一個だけ。その後は国道一九二号線で宿を目指しましたが、長めの上り坂と短めの下り坂で民宿「岡田」に到着したのが一四時三〇分でした。

この日は時間的には七時間弱でしたが、ほとんどがアップダウンであったため、結構疲れました。

五月二九日、民宿「岡田」を七時に出発。上りとなって、初っ端から足が重かったです。「鶴の家旅館」で連泊して以来休養日を取っていないので疲れも感じていて、しかもこの日は六六番雲辺寺越えがあります。体調によってはラスト一週間に備え連泊も想定していました。

上りについては、昨年同様二時間で登り切りました。そしていよいよ昨年はロープウエーで下りた下り坂へ。九時三〇分に下山開始。この下りをなんとかこなせば、結願が見えてきます。

遍路道の下りを慎重にも慎重を期して下ります。半分以上はカニ足で、アスファルト道路に出るまでの五㎞を二時間一五分かけました。

その後六七番大興寺に向かうも、あと二㎞というのを最後に遍路表示が見当たらなくなり、見覚えのある交差点に出てしまいました。そこからこの日の宿「かんぽの宿　観音寺（現・亀の井ホテル観音寺）」までは一・六㎞です。キツネにでもつままれた感じです。そうとなれば疲れている脳と身体は自然とそちらへ向かいます。明日の行程がきつくなりますが、身体を休めたいという気分の方が勝ちました。一三時三〇分到着。出発時には連泊も考えていましたが、膝もほぼ大丈夫で、この日はこれ以降の時間は休養できるので、翌日も先に進むことにします。

我が膝よ、あと一週間頑張ってくれ！

五月三〇日、この日は六七番大興寺から七〇番本山寺まで。七一番弥谷寺近くの宿に宿泊。

膝周辺のかぶれがひどくなってきたのでサポーターを着けなかったこともあるのか、膝への負担も感じ、平坦路の九時間の移動でしたが、相当疲れました。

五月三一日、この日は七一番から七七番道隆寺まで。再びサポーターを着けました。暑さが身にしみ、前日以上に疲れました。

六月一日、この日は七八番郷照寺から八〇番国分寺まで。一三時三〇分に宿に入り、コース的に少し厳しい翌日、翌々日に備えて身体を休めます。

六月二日、この日は八一番白峯寺、八二番根香寺へのアップダウンと、町へ下りてからの八三番一宮寺までの迷路のような遍路道。やはり疲れました。

六月三日、六時三〇分に宿を出発。昨年もそう感じましたが、高松市内はやはりややこしい。何度も地図を見ます。八時三〇分、やはり昨年と同様、琴平電鉄「松島二丁目」駅で休憩。

この日はこの後、距離は短いですが八四番屋島寺と八五番八栗寺の急なアップダウンがあります。屋島寺は自動車が通る道を上り、下りはタクシーを使う手段も考えましたが、この道路は歩行禁止なのでやはり遍路道を歩かざるを得ません。

屋島寺へのつづら折りの急坂が始まりました。昨年はコーナーを曲がるたびに「まだ続いている」と落胆したのを覚えているので、今回は前方を見ずひたすら地面を見て歩数を数えていました。三〇〇〇歩くらいを想定してスタートしましたが、二〇〇〇歩ほどで着きました。

下りはやはりカニ足と後ろ向きで。下り切ってしばらく平坦路を行った後、今度は八栗寺へのだらだら坂が始まります。途中「うどんや本陣山田屋」で昼食と大休止。このお店のうどんはこしがあって美味しかったです。

しばらく行くとケーブルカー乗り場が見えてきます。ケーブルカーと並行する急坂を上ります。

八栗寺参拝後、一四時に下山開始。昨年はここから宿までが非常に長く感じられ、最も疲れた一日でしたが、この日は思ったほどではありませんでした。

一五時四〇分、「富士屋旅館」に到着。民宿「岡田」から前日までは昨年と全く同じ宿を利用していましたが、この日は変えてみました。料理旅館だけあって、夕食は美味しかったです。

この日の高松の最高気温は三二度。しかし、からっとした暑さであったこと、そしてやはりリュックと冷感シャツのおかげで、暑さの感じ方はまだましでした。

ついに念願が叶う

六月四日、いよいよ最終日です。さすがに去年とは気持ちが違います。本来ならこの日は結願寺八八番大窪寺門前の民宿「八十窪」に泊まり、結願祝いの赤飯をよばれ、ゆっくりと余韻に浸りたかったのですが、運悪く親族の結婚式のため四日、五日は休業とのことで、この日のうちに高速バスで帰宅することにしました。

七時に宿を出発。八六番志度寺を参拝し、八七番長尾寺を目指します。この日は朝から膝の調子が良くありません。しかし、泣いても笑ってもこの日一日です。九時、長尾寺到

「道しるべ」その他「遍路札」、単なる矢印等が進路を示してくれる

着。

一〇時三〇分、昨年も立ち寄った「お遍路交流サロン」到着。ここで二つ目の結願バッジを戴きます。去年戴いたバッジは輪袈裟の右側に付けていたので、二つ目のバッジはその場で左側に付けました。このバッジは歩き遍路にとっては勲章です。

さて、先述のように高速バスでこの日中に帰るのであれば、一六時発のコミュニティバスに乗らなくてはいけません。「八十窪」に泊まれないのなら、せめて大窪寺ではゆっくりと参拝し、これまでの思いをかみしめたいと、強く思っていました。交流サロンの職員の方に大窪寺までの時間を尋ねると三、四時間と言われ、休憩もそこそここに一一時にサロンを出発。ピッチを上げて八八番を目指します。その甲斐あって一三時三〇分、とうとう大窪寺に到着。山門が見えた瞬間は、昨年とは違い、やはり特別な感情がこみ上げてきました。

お寺での参拝作法もこれが最後だと思うと、一礼するのも、手や口を清めるのも、鐘をつくのも、ロウソクや線香に火を灯すのも、お賽銭をあげるのも、そしてなんといっても経をあげることには、それまでの何倍もの気持ちがこもりました。

そして全てが終わった時、なんとも清々しい気持ちになりました。また、これで本を執筆できる資格ができたことに安堵しました。昨年同様、納経所で結願証を購入します。これこそ私にとって正真正銘の結願証です。

その後、門前の食堂で昼食兼夕食を取り、再度境内に戻って、今一度余韻に浸り、その後着替えてコミュニティバスに乗りました。志度のバス停で降り、タイミングよくやって来た大阪行きの高速バスに乗り込みます。二一時三〇分帰宅。私の「歩き遍路旅」は終わりました。

結願後、一番札所へお礼参りする遍路もいます。そうすることで、かなりいびつではありますが、四国を一周したことにもなります。

バスによる団体遍路であれば、その後高野山へというのが大体のパターン。

しかし、本来は結願して高野山へ詣でるのではなく、出発前にごあいさつに出向くというのが正式らしいです。

四国の平年の梅雨入りは六月五日です。それまでに終えることができました。（ちなみに、この年の梅雨入りは六月一三日でした）

車やバイクでの遍路

車や一二六cc以上のバイクなら高速道路で四国に入ります。中国地方以西の方なら一二五cc以下でも「しまなみ海道」を使えば四国入りできます。東北や北海道、沖縄など遠方の方でしたらレンタカーになるのかもしれません。私の居住地は奈良ですので、バイクで行ったときは和歌山まで出て南海フェリーで徳島に渡りました。

以下に紹介するのは四国内での一つのモデルプランです。ご参考までにお勧めできる宿も紹介しておきます。

一日目　一～一一番　神山温泉「四季の里」
二日目　一二～二三番　ホテル「リビエラししくい」
三日目　二四～三三一番　国民宿舎「桂浜荘」

四日目　三三～三八番　ペンション「サライ」
五日目　三九～四五番　国民宿舎「古岩屋荘」（四四番は翌日に参拝）
六日目　四四～五八番　仙遊寺宿坊
七日目　五九～六七番　亀の井ホテル「観音寺」
八日目　六八～七七番　「アパホテル　丸亀駅前大通」
九日目　七八～八八番　民宿「八十窪」

また、別に一気に巡るのでなく、「その時の気分で」つなぎで回るのもいいと思います。私の経験ですが、いい景色を見ながらちょっと長めのドライブがしたい。それと温泉につかって美味しい料理も味わいたい。そのついでに旅にアクセントをつけるためいくつかの札所も巡る。二〇二一年の夏に二泊三日で巡ったのがこのパターンです。

早朝に自宅を出発し、高速を走り続けて現在終点の四万十中央インターチェンジまで行き、三七、三八番を参拝してペンション「サライ」泊。二日目は海を見ながら二七番から二四番を巡りホテル「リビエラししくい」泊。三日目もやはり海を眺めながら国道五五号線を走り二三、二二番を参拝し高速で帰宅。

また、無性にお寺巡りをして般若心経を唱えたくなった時があり、その時は一泊二日で行ってきました。

一日目に一番から一二番まで参拝し、神山温泉「四季の里」泊。二日目に一三番から二一番まで巡り帰宅しました。

このような形で何回かで打ち切るということもできます。

難しく考えることなく、そういう経験を積みながらいずれは歩き遍路へ、という道筋もあります。結果的に私がそうでした。

先述したように、初めての歩き遍路の際に過去五回車やバイクで巡っていたことがとても役に立ちました。

終わりに

最初に立てた志からはかなり縮小版の歩き遍路となりましたが、なんとか一度は歩き通し、その前のつなぎと合わせ二度の経験をもとに、この本を書き上げることができました。そして、それを仏壇に供えることができます。

私の人生において最も幸運であったこと、それは妻と出会えたことです。

今はこの世にはいませんが、長女と共に私の心の中では生き続けています。

四国遍路は「同行二人」と言われます。自分ともう一人はお大師様であるわけですが、お大師様には失礼ですが、私の場合は妻でした。

心の中でというより、声を出して妻と会話しながらの旅でした。

何度も紹介してきた「激走！　日本アルプス大縦断」の二〇一八年版の最後のナレーションは、「一年後のレースを目指す者、別の目標に向かう者、闘いに終わりはない」というものでした。

私に当てはめれば、「新たな目標に向かう。目標に向けての努力に終わりはない」ということになります。そういう生き方をすることが、長女や妻の分まで生きるということになると考えています。

最後に、私の好きな二つの言葉を記して締めくくりにしたいと思います。

「青春とは、人生のある期間ではなく心の持ち方を云う。歳を重ねただけで人は老いない。夢（理想）を失った時、初めて老いる」（アメリカの詩人　サミュエル・ウルマン）

「しあわせは　いつも　じぶんのこころがきめる」相田みつを著「しあわせはいつも」（文化出版局刊）より©相田みつを美術館

＊私のこの度の三年越しの歩き遍路はコロナ禍におけるものであり、平常時におけるそれとは少し違うものと思います。

例えば、宿についてなら休廃業していて困ったと書きましたが、平常時であれば逆にどの宿も満室で逆の意味で困ったかもしれません。

また、納経所で墨書授印してもらうのも、団体遍路と一緒になってしまうと三〇分以上待たなくてはいけない場合もあり得ます。

コロナ終息後の遍路は、そういうことへの配慮も必要かと思います。

＊名称や価格、各種サービスなどは当時のものです

著者プロフィール

筒居 譲二（つつい じょうじ）

1959年、大阪府に生まれる。
立命館大学経済学部卒。1982年から29年間、中学校社会科教諭。
太平洋戦争史の研究がライフワーク。
「関西太平洋戦史研究会」主宰。
奈良県在住。
著書に「読む年表　太平洋戦争―開戦から終戦まで1396日の記録―」
（潮書房光人新社）がある。

実践　四国歩き通し遍路

2023年 7 月27日　初版第 1 刷発行

著　者　筒居 譲二
発行者　瓜谷 綱延
発行所　株式会社文芸社
〒160-0022　東京都新宿区新宿1－10－1
電話　03-5369-3060（代表）
03-5369-2299（販売）

印刷所　株式会社フクイン

ISBN978-4-286-24248-4